Dein großes Bullet Journal Einführungsbuch

Dein individueller Lebensplaner selbst gestaltet

Überraschende Techniken & inspirierende Materialien

Liebe Journaling-Fans,

Kalender und Notizbücher liebe ich schon seit meiner Kindheit. Als ich vor Jahren das System des Bullet Journalings entdeckt habe, ist ein echter Papiertraum für mich in Erfüllung gegangen: endlich eine Möglichkeit, einen ganz eigenen Kalender nach persönlichen Bedürfnissen und Vorstellungen zu gestalten!

Das Praktischste am Bullet Journal ist für mich, dass ich den Aufbau jederzeit ändern kann. Was für meine Planung nicht funktioniert hat, lasse ich beim nächsten Mal einfach weg oder füge etwas anderes hinzu.

In unserer schnelllebigen, digitalen Welt, genieße ich es sehr, mich mit meinem Notizbuch zurückzuziehen und die Seiten zu gestalten. Damit ist mein Bullet Journal nicht nur meine Alltagshilfe in organisatorischen Belangen, sondern auch meine kreative Oase. Dieses Gefühl möchte ich durch dieses Buch gern mit euch teilen.

Ich wünsche euch viel Spaß beim Malen, Schreiben, Lettern, Basteln und Zeichnen!

Inhalt

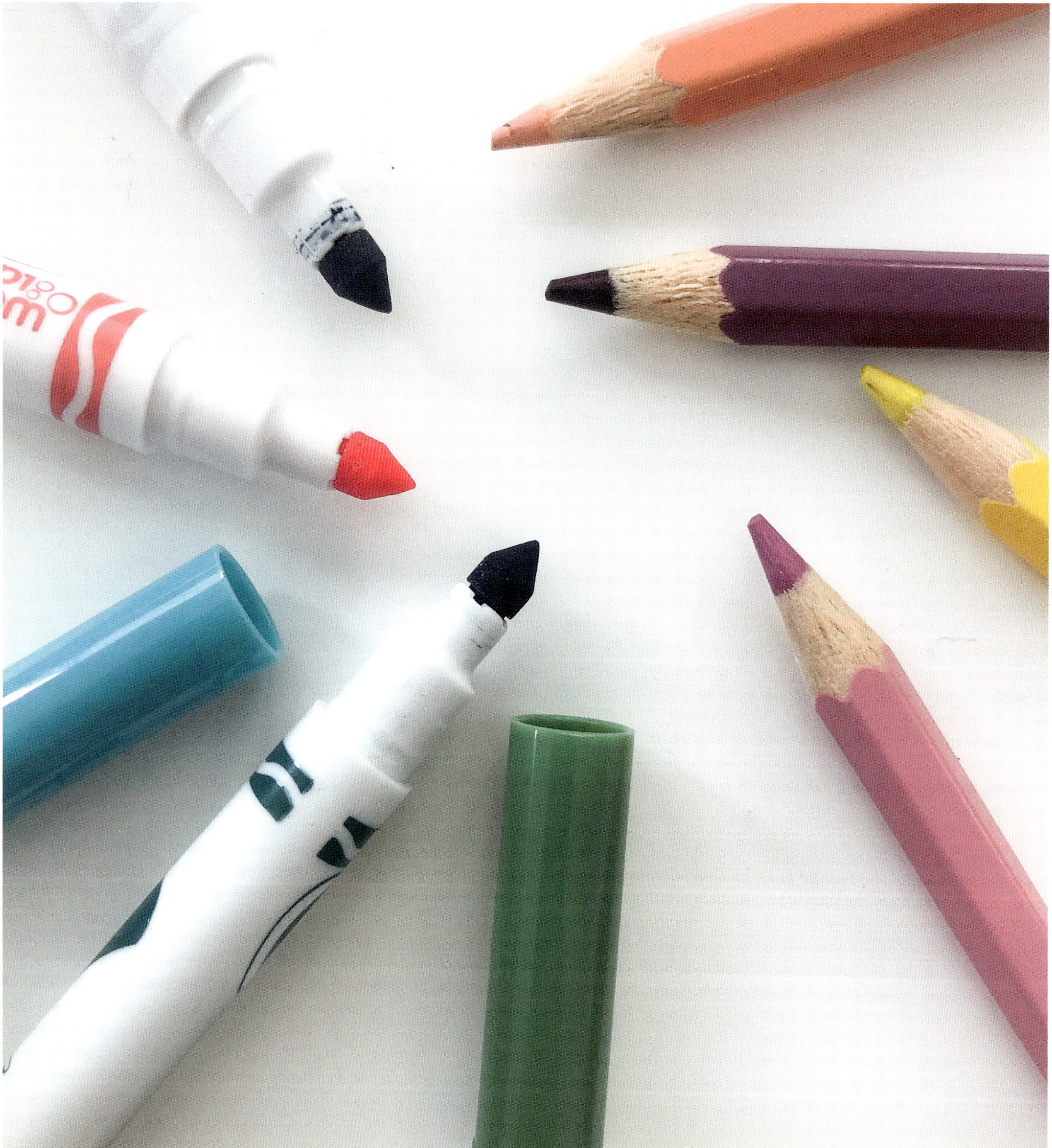

Grundlagen

Während du das System des Bullet Journals kennenlernst, werden dir viele Begriffe begegnen, die zunächst verwirrend sind. Lass dich davon nicht abschrecken und lerne in diesem Kapitel alle wichtigen Bezeichnungen und Materialien kennen, die du für dein kreatives Bullet Journal benötigst.

Ein Bullet Journal – was ist das eigentlich?

Ein Bullet Journal (kurz „Bujo") ist ein individuelles System, mit dem du deinen Alltag organisierst. Im Gegensatz zu einem vorgefertigten Kalender kannst du dieses Planungssystem an deine ganz eigenen Bedürfnisse und Wünsche anpassen – ein leeres Notizbuch genügt dafür. Der Grundgedanke des Bullet Journals stammt von Ryder Caroll, einem US-amerikanischen Produktdesigner für digitale Medien. Ryder, der sich selbst als sehr zerstreut beschreibt, suchte nach einer effizienten Methode, sein Notizbuch zu nutzen.

Die zentrale Rolle spielt dabei das analoge System: planen auf Papier. In unserem digitalen Zeitalter, in dem es für alles eine App gibt, mag das zunächst befremdlich erscheinen. Für die weltweiten Anhänger Carolls steht jedoch fest: Wer sich in bestimmten Bereichen bewusst gegen die schnelllebige und digitale Welt entscheidet und Achtsamkeit in den eigenen Alltag integriert, erhöht die eigene Lebensqualität.

Der Erfinder des Bullet Journals hat dabei keine aufwendig gestalteten Seiten im Sinn gehabt. Er selbst führt es minimalistisch, ohne verschnörkelte Schriften und Zeichnungen. Für viele seiner Nutzerinnen und Nutzer ist das Bujo jedoch mehr als ein Organisationssystem. Das Notizbuch wird durch bunte Elemente, ob gemalt oder geklebt, zu einer Oase. Der kreative Prozess seiner Herstellung wird gern als „Meditation auf dem Papier" bezeichnet. Genau das ist das Schöne am Bullet Journal: Jeder kann es anlegen und nutzen wie sie oder er es möchte. Der Kreativität sind keine Grenzen gesetzt.

Material

Im Grunde genommen brauchst du für die Gestaltung deines Bullet Journals nicht viel. Ein leeres Notizbuch und ein Stift genügen theoretisch vollkommen. Mehr Materialien werden es im Lauf der Zeit automatisch werden, wenn du dich näher mit dem Thema beschäftigst und Gefallen daran findest, deine Seiten mehr und mehr kreativ zu verschönern.

Das Notizbuch

Notizbücher gibt es wie Sand am Meer und in allen Formen, Farben, Größen und Bindungen. Gängig sind Bücher mit Hardcovereinband (stabil und fest) und Softcover (weich und biegsam). Ebenso kannst du zwischen Heft- oder Spiralbindung wählen. Welches dein Lieblingsnotizbuch werden wird, wirst du erst noch herausfinden.
Die Seiten in handelsüblichen Notizbüchern sind entweder kariert, liniert oder punktkariert. Natürlich gibt es auch Blanko-Bücher ganz ohne Lineatur. Besonders beliebt für ein Bullet Journal ist die „dotted"-Variante. Das punktkarierte Raster bietet eine gute Orientierung für spätere Boxen und andere Formen, ohne dabei zu dominant zu sein.

Das Papier

Die optimale Papierstärke und -beschaffenheit ist Geschmackssache. Es gibt Bücher mit cremeweißen, reinweißen, farbigen oder sogar schwarzen Seiten. Gut ist, was gefällt und was den eigenen Ansprüchen gerecht wird. Wer zum Beispiel mit Wasserfarben in seinem Bujo kreativ werden möchte und keine gewellten Seiten mag, sollte sich ein Buch suchen, das eine Papierstärke von mehr als 100 Gramm pro Quadratmeter hat. Auf den meisten Notizbüchern ist die Papierstärke in g/m^2 (Gramm pro m^2) oder in gsm (grams per square meter) angegeben. Je höher die Zahl, desto fester und dicker das Papier.

Viele bereits erfahrene Bullet-Journal-Nutzer achten bei ihrer Auswahl darauf, dass das Papier möglichst glatt ist, damit die teuren Lieblingsstifte gut darauf gleiten und nicht ausfransen. Egal, welches Buch du dir aussuchst: Es macht immer Sinn, auf den letzten Seiten einen sogenannten „Pen test" durchzuführen. Dort probierst du die Stifte aus, die du benutzen möchtest und siehst, wie sie sich auf deinem Blatt verhalten.
Den unerwünschten Effekt des Durchblutens der Stiftfarbe auf die Rückseite des Papiers nennt man „Bleeding". Scheint deine Schrift von der Vorder- auf die Rückseite lediglich leicht durch, nennt man das „Ghosting". Dazu gibt es verschiedene Meinungen. Ein leichtes Ghosting lässt das Buch lebendiger und gebrauchter wirken – das finde ich persönlich sehr sympathisch. Aber auch das ist eine Frage des eigenen Geschmacks.

Extras

Notizbücher haben meist eine sogenannte „Froschtasche" auf der Innenseite des hinteren Buchdeckels. Durch ihre besondere Faltung erinnert sie an die Beine eines Froschs und ist dadurch platzsparend, aber sehr geräumig. Dort finden zum Beispiel Medikamentenrezepte, Termin- oder Visitenkarten und Einkaufslisten ihren Platz.

Eine Stiftschlaufe („Pen loop") sorgt dafür, dass du auch unterwegs bequem mit deinem Lieblingsstift im Bujo planen und schreiben kannst.

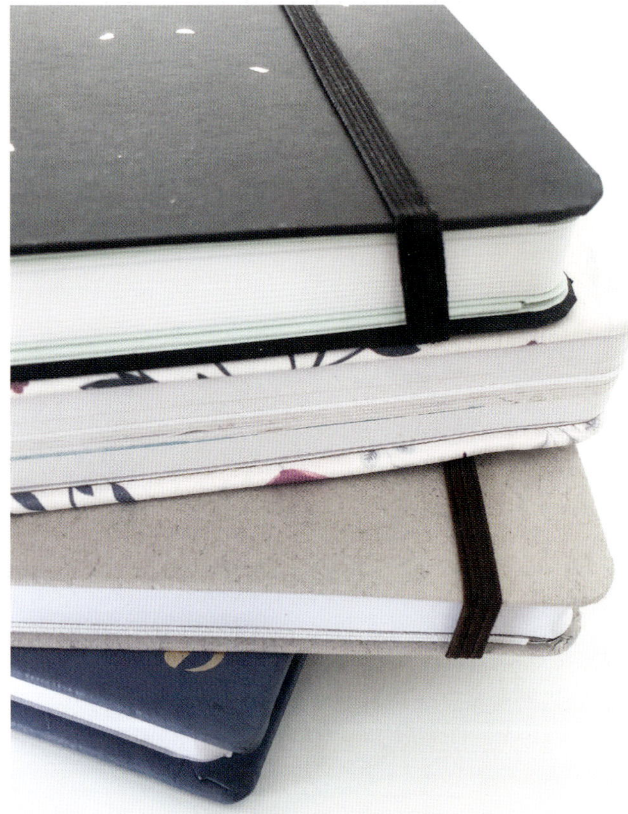

Tipp

Gerade als Einsteiger befürchtet man oft, das neue Buch zu verderben, weil man eine Idee nicht entsprechend der eigenen Vorstellung umgesetzt hat. Ich empfehle immer wieder, für den Anfang ein günstiges Notizbuch zu kaufen. Im besten Fall schafft man sich dazu noch ein zweites Buch an, denn das nimmt den Druck und die Angst vor den leeren Seiten. Das zweite Buch eignet sich sehr gut für neue Techniken, die man erst einmal ausprobieren möchte.

Stifte & Co.

Bleistift

Bleistift ist Bleistift, sollte man meinen. Dass das nicht stimmt, merkt man spätestens, wenn man mit einem sehr weichen Bleistift gezeichnet hat und versucht, größere Flächen zu radieren. Dann kann es passieren, dass Linien und Gestaltungselemente möglicherweise verschmieren und nicht vollständig wegzuradieren sind.
Weiche Bleistifte erkennst du an der Bezeichnung B – je größer die Zahl, desto weicher der Bleistift. Nutze deshalb am besten einen Bleistift mit einem mittleren Härtegrad (HB) und drücke nicht allzu fest auf, dann bist du auf der sicheren Seite. Denn ebenso wie sehr weiche Bleistifte hinterlassen auch harte Bleistifte, deren Härtegrad in H angegeben wird, manchmal ihre Spuren auf dem Papier.

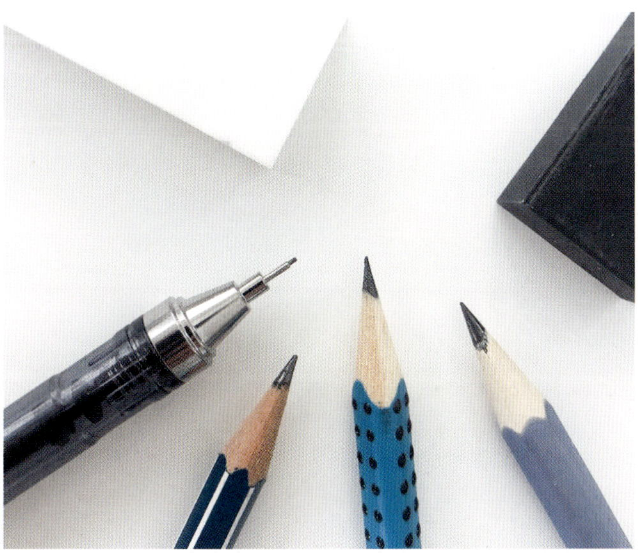

Radiergummi

Auch hier ist die Auswahl nahezu unendlich. Vom Knetradiergummi bis hin zum Plastikradierer kannst du alles kaufen und benutzen. Mit einem Sandradierer kann man sogar stellenweise Tinte radieren. Es gibt auch Radiergummis, die ihren Abrieb „sammeln". Im Kreis radiert, bleibt am Ende nur ein winziger Abriebrest zurück.

Lineal

Die meisten Notizbücher bieten durch ihr kariertes oder punktkariertes Raster eine gute Orientierung – deshalb dient das Lineal höchstens dazu, gerade Linien zu ziehen. Besonders eignen sich transparente Lineale, unter denen man Markierungspunkte sehen kann, die man verbinden möchte.

Tipp

Wenn du das Lineal mit einem schwarzen oder farbigen Stift benutzt, lege dir ein kleines Läppchen parat. Hast du eine dickere Linie gezogen, wische das Lineal an der oberen Kante kurz ab. So verhinderst du, dass beim nächsten Ansetzen etwas verschmiert.

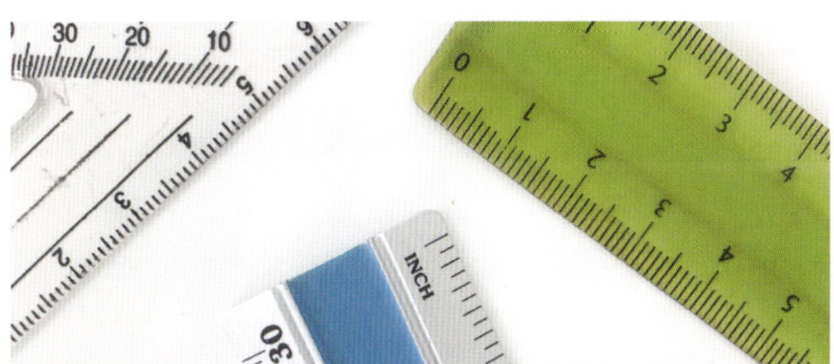

Fineliner

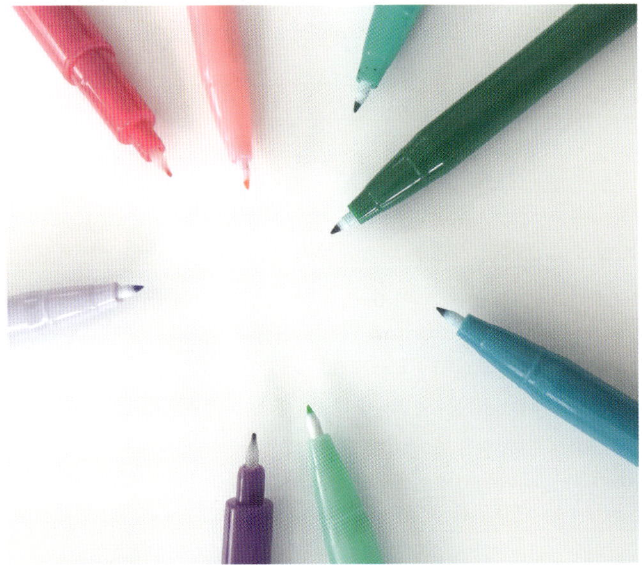

Wer die Wahl hat, hat die Qual. Der Handel hält mittlerweile eine enorme Bandbreite an unterschiedlichsten Farben und Strichstärken bereit. Du kannst jeden Fineliner nutzen, ob schwarz oder bunt.

Vorsicht nur beim Umgang mit Wasser im Bullet Journal: Wer mit Wasserfarben über Geschriebenes oder Gezeichnetes malen möchte oder vorhat, die Schrift mit einem Textmarker anzustreichen, sollte beim Kauf auf Bezeichnungen wie „wasserfest" oder „Pigmentliner" achten.

Pigmentliner

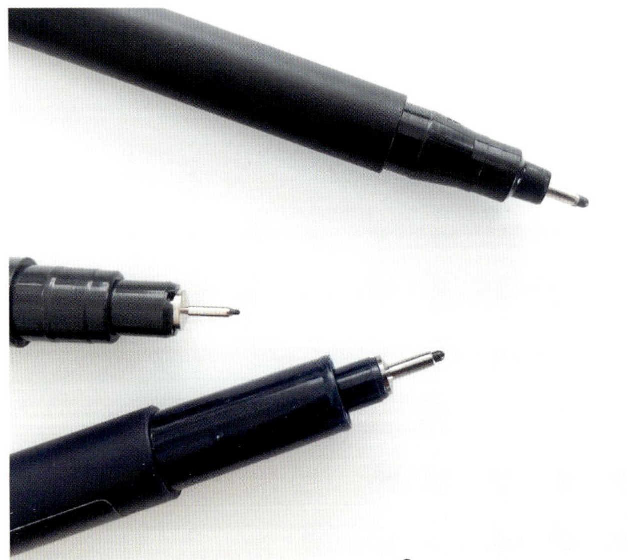

Im Gegensatz zu herkömmlichen Finelinern und Filzstiften sind diese Stifte wasserfest. Das bedeutet, sie verwischen nicht, wenn sie mit Wasser in Kontakt kommen, beispielsweise beim Markern oder Aquarellieren. Nicht zu verwechseln sind Pigmentliner mit Permanentlinern, mit denen etwa Folien dauerhaft beschriftet werden können.

Tipp

Es gibt auch wasserfeste Tinte. Wer gern mit Füllfederhalter schreibt und malt, kann damit spezielle Patronen befüllen und einsetzen.

Brush Pens

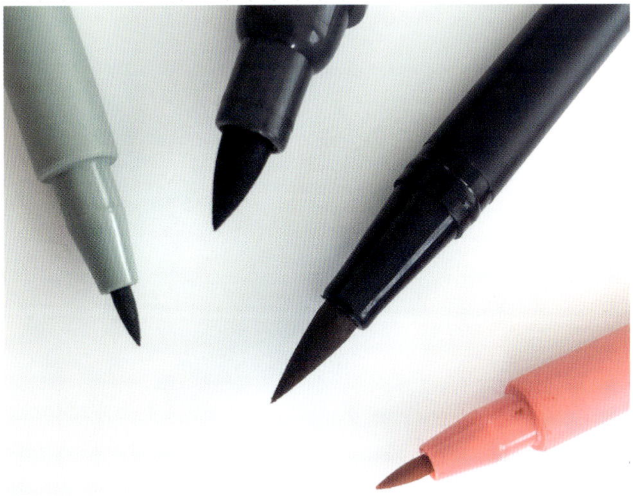

Besonders wichtig für das Handlettering sind die sogenannten Brush Pens (deutsch: „Pinselstifte"). Durch ihre flexible Spitze ermöglichen sie variable Strichstärken, je nachdem, wie viel Druck auf die Spitze ausgeübt wird. Die Stifte unterscheiden sich vor allem durch das Material ihrer Spitze, die entweder aus einzelnen Härchen oder aus Nylon, manchmal auch aus Filz besteht. Für Einsteiger sind besonders Brush Pens mit Nylon- oder Filzspitze geeignet, da diese aufgrund ihrer Festigkeit besser zu kontrollieren ist.

Buntstifte, Filzstifte, Textmarker

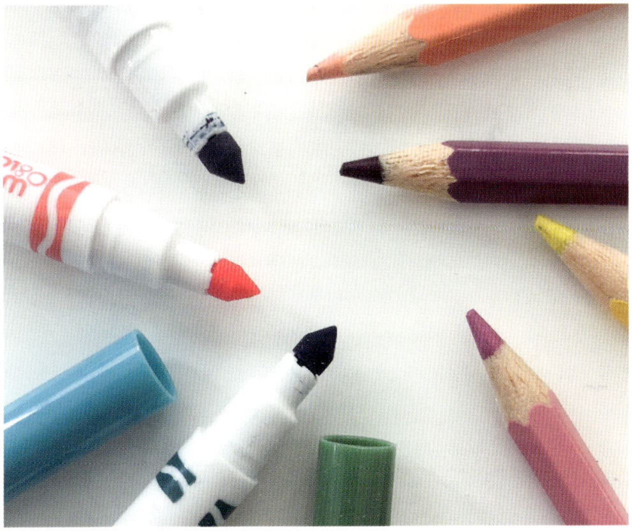

Wer es in seinem Bullet Journal bunt mag, kann auf verschiedene Farbstifte nicht verzichten. Ob Bunt- oder Filzstift, ist Geschmackssache. Bei Filzstiften und Textmarkern empfiehlt es sich, einen Pen test zu machen (siehe Seite 7).

Farbe, Stempel, Sticker

Aquarellstifte und Aquarellfarben

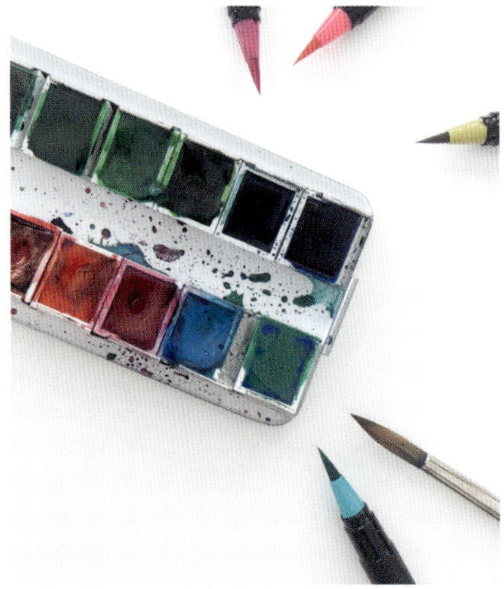

Beide haben ihre Vor- und Nachteile. Im Bullet Journal sollte man vorsichtig mit Wasser sein. Ein Test bewahrt dich vor unangenehmen Überraschungen. Aquarellstifte oder auch wasserbasierte Brush Pens lassen sich im Buch nicht oder nur sehr schlecht mit Wasser anlösen oder auf dem Papier mischen. Eine Mischpalette, auf der du die Farben erst mischst und dann mit einem Pinsel wenig Wasser hinzugibst, bietet hier eine gute Lösung.

Stempel

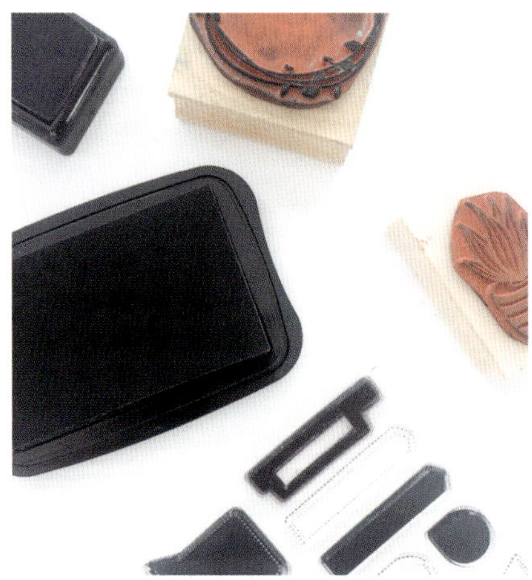

Stempel sind eine tolle Möglichkeit, auf schnellem Weg ein hübsches Dekoelement ins Bullet Journal zu bringen. Auch hier ist die Auswahl an Material und Motiven sehr groß. Beliebt sind Polymerstempel mit einem zugehörigen Acrylblock. Verschiedene Motive werden auf den Acrylblock gesetzt und beliebig ausgetauscht. Das richtige Stempelkissen ist Voraussetzung für ein gutes Ergebnis. Auch hier: lieber vorher auf einer Testseite ausprobieren, ob die Farbe durchblutet oder verwischt.

Schablonen

In vielen Varianten erhältlich, bieten Schablonen eine unkomplizierte Möglichkeit, dekorative Elemente auf deinen Seiten zu integrieren.

Washi Tape

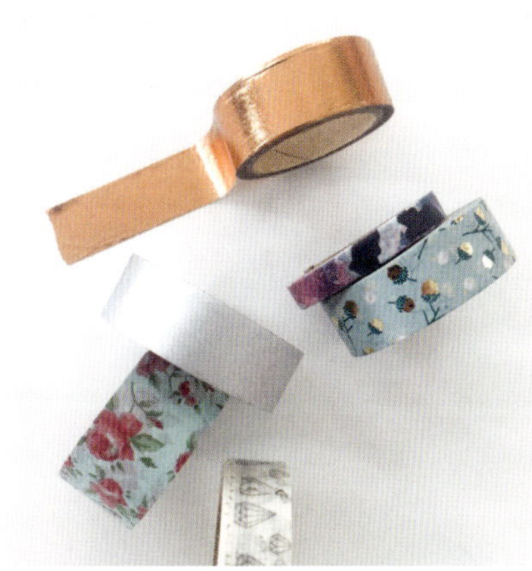

Das aus Japan stammende Washi Tape (auch Masking Tape genannt), wird gern für Dekorationszwecke genutzt. Bedruckt mit so ziemlich jedem Motiv, das man sich vorstellen kann, ist es einfach zu verarbeiten und ein echter Hingucker auf der gestalteten Seite. Das Besondere ist das Material: Washi Tapes bestehen aus Reispapier, sind per Hand ganz leicht abreißbar und lassen sich vom Papier wieder lösen.

Sticker

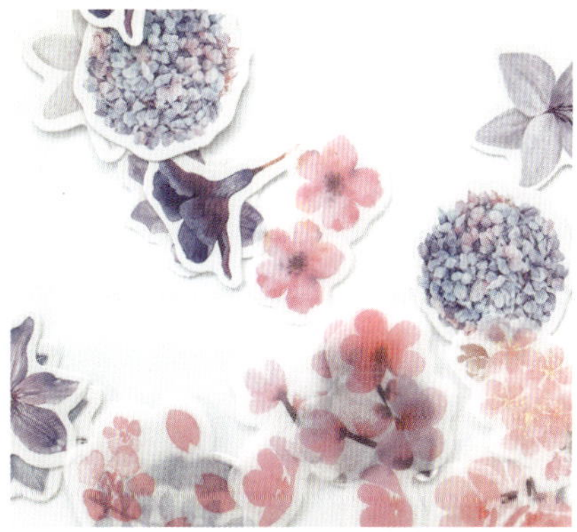

Viele Bullet-Journal-Begeisterte schwören auf bunte Sticker in ihrer Planung. Von Vorteil ist, dass die Seiten mit ein paar wenigen Schritten dekorativ aussehen. Sticker gibt es mit allen Motiven, die das Herz begehrt. Einzig der Suchtfaktor könnte, ebenso wie beim Washi Tape, dem Geldbeutel ganz schön zusetzen.

Klebezettel

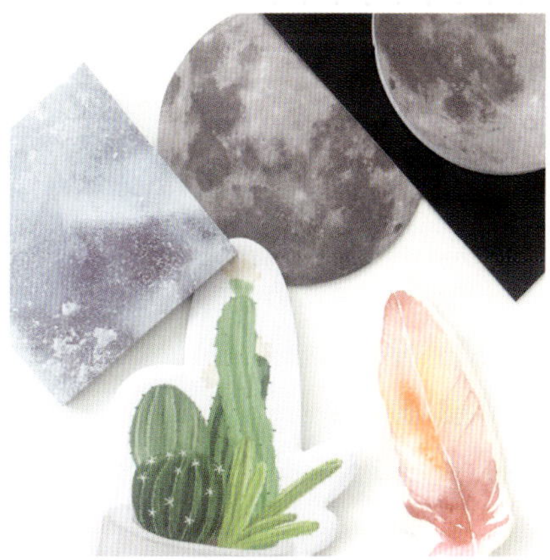

Die auch als „Sticky Notes" oder Haftnotizen bezeichneten Klebezettel sind eine praktische Sache, wenn du unterwegs etwas notieren möchtest, ohne es direkt in dein Bullet Journal eintragen zu wollen oder zu können. Mit einem Klebezettel bist du flexibel und kannst diesen bei Bedarf umsetzen oder spurlos entfernen. Außerdem gibt es die verschiedensten Designs und Motive, mit denen du deine Seiten zusätzlich dekorieren kannst.

Dein persönliches Bullet Journal – erste Schritte

Bevor du deine ganz individuelle Planung erstellst, ist es nützlich, einige Begriffe zu kennen, die dir im Zusammenhang mit dem Bullet Journal immer wieder begegnen werden. Zunächst wirkt diese Flut an Informationen vielleicht einschüchternd, aber du gewöhnst dich sicher schnell an die Begrifflichkeiten und verstehst deren Bedeutung.

Das Set-up

Als Set-up (deutsch: „Aufstellung" oder „Einrichtung") bezeichnet man den Aufbau eines Bullet Journals. Das Set-up umfasst also alle Seiten, die du darin anlegst. Man unterscheidet dabei zwischen dem gesamten Set-up eines Buches und beispielsweise dem Monats-Set-up, das alle Seiten des jeweiligen Monats umfasst.

Das Inhaltsverzeichnis

Bekannt als Herzstück eines jeden Nachschlagewerks, ist das Inhaltsverzeichnis oder der „Index" ein einfaches Instrument, um auf Anhieb die Seite zu finden, die du suchst. Voraussetzung ist allerdings, dass dein Buch Seitenzahlen hat. Den Index schreibst du nicht vor deiner Planung. Er entsteht nach und nach, wenn sicher ist, dass die betreffende Seite auch unter der jeweiligen Seitenzahl zu finden ist.

Die Legende

Die Legende eines Bullet Journals, auch „Key" (deutsch: „Schlüssel") genannt, beinhaltet alle Symbole, die du in deinem Buch nutzen wirst. Besonders wichtig sind die „Bullets", also die „Aufzählungszeichen", die dem Bullet Journal seinen Namen gegeben haben.

Dies sind üblicherweise Kästchen oder Kreise. Sie haben sie den Vorteil, dass du sie ausmalen kannst. Vor einer noch nicht erledigten Aufgabe steht zum Beispiel ein ungefüllter Kreis oder ein ungefülltes Kästchen. Hast du mit dieser Aufgabe begonnen, wird es teilweise ausgemalt. Musst du sie verschieben, bekommt dein Symbol einen Pfeil. Eine durchgezogene Linie zeigt an, dass die Aufgabe weggefallen ist. Bei einer vollendeten Aufgabe malst du das Kästchen oder den Kreis ganz aus. Dadurch siehst du auf den ersten Blick, was du geschafft hast oder was es noch zu tun gibt.

Bei den Symbolen kannst du übrigens deiner Kreativität freien Lauf lassen. Kleine Torten kennzeichnen Geburtstage, Sterne einen wichtigen Termin, ein

Telefonhörer einen Anruf, eine kleine Glühbirne eine Idee, ... Sinn und Zweck dieser kleinen Symbole ist, dass sie dir die Übersicht erleichtern und du bereits beim ersten Blick auf deine Planung erkennst, was bei dir ansteht.

Die Deckblätter

Das optionale Deckblatt (auch „Cover" oder „Cover page") ist in vielen Bullet Journals die erste Seite eines Monats. Falls du in deinem Buch sogar mehrere Jahre zusammenfasst, kannst du dies natürlich auch mit besonders gestalteten Deckblättern kenntlich machen. Sie dienen der Abtrennung und damit der besseren Übersicht.

Jahres- und Monatsübersichten

Die Jahresübersicht

Diese Übersicht, auch „Future Log" genannt, bildet den Ausgangspunkt deiner weiteren Planung. Das Bullet Journal soll dir helfen, deine zukünftigen Termine, Aufgaben und auch Ziele mehr in die Gegenwart zu holen. Nicht selten bekommt man beispielsweise einen Termin bereits Monate im Voraus. Wenn du ihn in deiner Jahresübersicht im betreffenden Monat notierst, kannst du bei der Planung deiner Monats-, Wochen- oder Tagesübersichten darauf zurückgreifen. So geht dir kein Termin verloren. Auch Geburtstage, Urlaube, Feiertage, Schulferien und andere besondere Ereignisse kannst du in der Jahresübersicht farbig markieren oder eintragen. Die verwendeten Farben erklärst du in deiner Legende, damit du auch später noch weißt, welche Farbe welches Ereignis anzeigt.

Die Monatsübersicht

Diese Übersicht, die auch oft „Monthly Log" genannt wird, bildet die Basis für deine monatliche Planung. Und nun weißt du auch, warum es Sinn macht, eine Jahresübersicht anzulegen: Trage in deine Monatsübersicht zunächst alle Termine und Aufgaben ein, die du bereits in deiner Jahresübersicht für den jeweiligen Monat notiert hast. Bringe dann deine Übersicht mit aktuellen Terminen auf den neuesten Stand.

Wochen- und Tagesübersichten

Die Wochenübersicht

Mit der Wochenübersicht, auch als „Weekly" oder „Weekly Log" bezeichnet, planst du alles, was in der Woche ansteht. Auf diese Weise verschaffst du dir einen guten Überblick über die kommende Woche. Übertrage alle Termine und Aufgaben aus deiner Monatsübersicht in die Wochenübersicht. Das werden zum einen feste Termine sein, aber auch Aufgaben, die anstehen, vielleicht aber nicht zu einem bestimmten Zeitpunkt der Woche erledigt sein müssen.

Hier hilft dir die Wochenübersicht, die Aufgaben für dich optimal zu verteilen. Es geht nicht darum, so viele To-dos wie möglich aufzuschreiben, sondern darum, deine freie Zeit ganz bewusst zu planen. Eine Balance zu finden zwischen Dingen, die du tun musst und Freizeit, die dir durch eine gut organisierte Woche bleibt. Zusätzlich kannst du Erlebnisse und besondere Momente aufschreiben, die du nicht vergessen möchtest. Du kannst alles notieren, was du möchtest – gerade das macht das Bullet Journal zu deinem persönlichen Tagebuch.

Die Tagesübersicht

Möchtest du mehr Platz für tägliche Einträge zur Verfügung haben, kannst du zudem Tagesübersichten, sogenannte „Dailys“ anlegen. Damit ist es möglich, auf einer ganzen Seite auch Erinnerungen, Gedanken, Ideen, ... aufzuschreiben, für die dir in einer Wochenübersicht vielleicht der Platz fehlt. Mit welchem Layout du am besten zurechtkommst, wirst du schnell selbst feststellen.

Tracker und Listen

Tracker

Gewohnheiten haben wir alle. Jedoch sind sie uns oft nicht bewusst. Tracker sind hilfreiche Instrumente innerhalb deines Bullet Journals, um dir deine Gewohnheiten vor Augen zu halten und gegebenenfalls zu ändern oder zu überprüfen. Es ist interessant zu sehen, was wir wann und wie oft machen. Aufbau und Gestaltung eines Trackers können sehr vielfältig sein. Inspirationen und Einsatzmöglichkeiten findest du im Internet oder in themenbezogenen Büchern. Tracker werden oft in das monatliche Set-up aufgenommen und für jeden Monat neu erstellt. Es gibt aber auch wöchentliche und jährliche Tracker, die du einfügen kannst, wo und wann du sie brauchst. Lasse dich von ihnen loben und motivieren, denn wenn du Dinge erledigt hast, die du nicht gern tust, ist das Gefühl umso schöner, wenn du deinen Tracker ausfüllen kannst.

Gedankensammlung

Eine gute Methode, seine Gedanken und Pläne in ungeordneter Reihenfolge niederzuschreiben, ist die sogenannte „Brain-dump“-Seite (deutsch: „Gehirndepot“). Ob monatlich oder für das gesamte Jahr angelegt, bietet sie dir die Möglichkeit, alle Vorhaben und Ideen grob und bunt durcheinander festzuhalten, damit du sie nicht aus den Augen verlierst und umsetzen kannst, sobald du kannst und möchtest. Auch hier steht es dir frei, später nach Prioritäten zu sortieren und beispielsweise mit verschiedenen Farben zu arbeiten.

Listen

Ein Bullet Journal lebt von seinen vielen Listen. Aufgaben, Einkäufe, Arbeitsschritte, Wünsche, Finanzen, Filme, Bücher, Serien – zu fast allem lässt sich eine Liste erstellen. Hier gibt es keine Vorgaben, alles ist möglich. Mache dein Bujo mit ganz persönlichen Listen zu einem externen Speicher deines Gehirns.

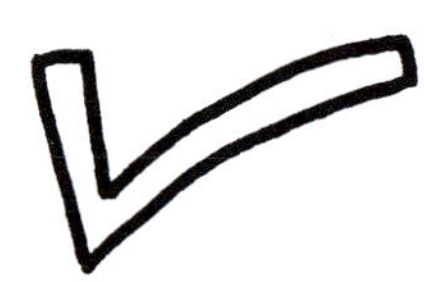

Tipps für den Anfang

Du kennst nun die wichtigsten Begriffe, hast das entsprechende Material und sitzt vor deinem nagelneuen Notizbuch. Vielleicht ein bisschen ehrfürchtig – aber das geht jedem so, der diese makellosen, leeren Seiten vor sich hat. Am besten beginnst du damit, auf den letzten Seiten einmal deine Stifte auszuprobieren. Dieser erste Kontakt nimmt dir eventuelle Hemmungen und hat den Vorteil, dass du herausfindest, wie sich deine Stifte auf dem Papier verhalten.

Es ist ratsam, dir auf einem extra Zettel kurz zu notieren, was du in deinem Bullet Journal brauchen wirst und was du zusätzlich anlegen und ausprobieren möchtest. Eventuell kannst du dir auch bereits überlegen, wie deine monatliche Planung aufgebaut sein soll. So verhinderst du, dass du eine wichtige Seite vergisst, die du dann an einer unpraktischen Stelle einfügen musst.

Ganz wichtig ist: Setze dich nicht unter Druck! Wer stundenlang im Internet nach Inspiration sucht, wird schnell von perfekt gestalteten Seiten überflutet und demotiviert. Denke daran, dass die Funktionalität in deinem Bullet Journal stets im Vordergrund steht! Ein Bullet Journal soll deinen Alltag strukturieren und erleichtern. Die zusätzliche Gestaltung soll vor allem dir Spaß machen und nicht zum Ziel haben, möglichst vielen Menschen zu gefallen.

Techniken

Brush Lettering

Eine schöne Überschrift wertet so manches Layout optisch auf. Die Kunst des Schönschreibens kannst auch du lernen! Mit ein wenig Übung zauberst du bald die schönsten Worte in dein Bullet Journal.

Du brauchst:

- Brush Pen deiner Wahl
- Glattes Papier als Übungsgrundlage

1 Brush Pens sind Filzstifte mit einer flexiblen Spitze. Du kannst damit Schriftbilder zaubern, die an Kalligrafie erinnern. Je nachdem, wie viel Druck du auf die elastische Spitze ausübst, ist es möglich, dünne und dicke Linien zu zeichnen.
Um ein Gefühl für deinen Brush Pen zu bekommen, ist es sinnvoll, erst einmal die Auf- und Abstriche der Buchstaben zu üben. Beginne mit den dünnen Linien, den Aufstrichen. Sie gelingen dir, indem du die Stiftspitze von unten nach oben locker über das Papier gleiten lässt. Dein Unterarm sollte auf dem Tisch aufliegen, dein Handgelenk locker sein. Wiederhole die Aufstriche so lange, bis sie dir leicht von der Hand gehen.

2 Für die Abstriche, die dicken Linien des Buchstabens, übst du mehr Druck auf die Stiftspitze aus. Die Linie wird breiter, je mehr Druck du ausübst. Wiederhole auch diesen Schritt so lange, bis du das Gefühl hast, den richtigen Druck gefunden zu haben. Nur nicht zu zaghaft: Probiere dich aus und teste, wie belastbar die flexible Spitze deines Brush Pen ist.

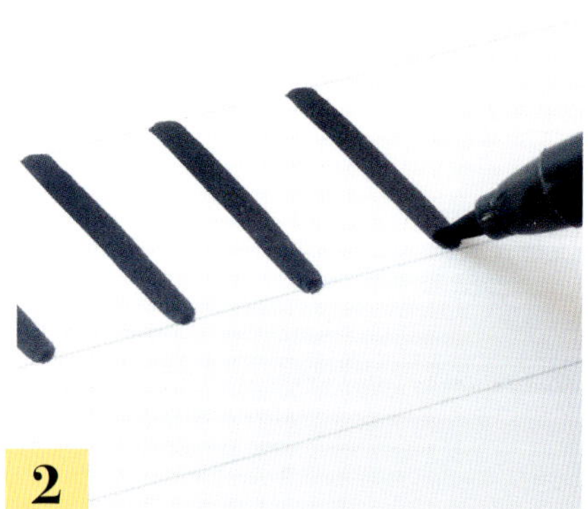

2

3 Hast du das Prinzip verstanden, wird es Zeit, die Striche miteinander zu verbinden. Beginne mit einem Aufstrich, den du in einen Abstrich übergehen lässt. Gelingt dir das, kannst du immer so weitermachen, bis du mit den verschiedenen Druckverhältnissen vertraut und locker geworden bist.
„Learning by doing", heißt es doch so schön. Kopiere dir meine Vorlagen (siehe ab Seite 112) und male die Striche entsprechend der Anleitung nach. Rufe dir beim Lettern mit dem Brush Pen ins Gedächtnis, wie du den Buchstaben in deiner normalen Handschrift schreibst. Dort, wo du sonst den Stift ansetzt, beginnst du auch mit dem Brush Pen.

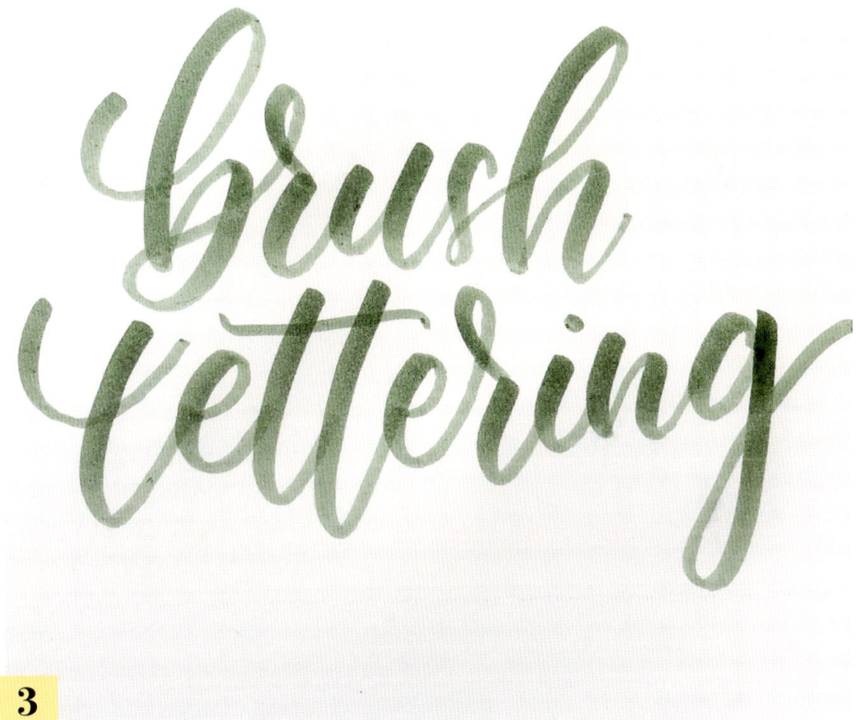

3

Tipp

Wenn du dich noch nicht traust, in dein Bullet Journal zu lettern, malst du das Wort auf ein Blatt Papier. So kannst du das Wort so lange lettern, bis es dir gefällt und kannst verschiedene Größen ausprobieren. Anschließend schneidest du das Wort aus und klebst es an die entsprechende Stelle in dein Buch.

Techniken

Faux Calligraphy

Eine beliebte Letteringtechnik für Einsteiger ist die Faux Calligraphy (deutsch: „falsche Kalligrafie"). Man braucht keine Feder, wie sie in der echten Kalligrafie verwendet wird, sondern lediglich einen einfachen Stift, um den Effekt zu imitieren. Das macht diese Technik besonders attraktiv, denn du kannst schnell und einfach ein kunstvolles Wort zu Papier bringen, selbst mit einem Bleistift oder einem Kugelschreiber.

Du brauchst:

- Stift deiner Wahl
- Blatt Papier

1 Schreibe ein Wort auf das Papier. Achte darauf, die Buchstaben nicht zu eng aneinanderzusetzen, da die einzelnen Buchstaben noch verbreitert werden.

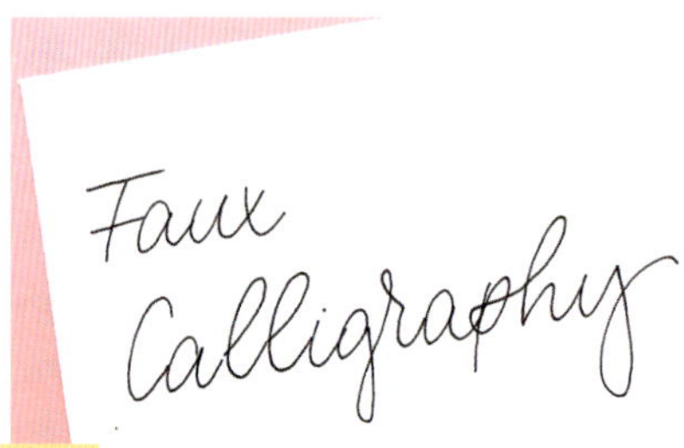

1

2 Verdopple nun alle Abwärtsstriche der Buchstaben durch eine zweite, parallel verlaufende Linie. Ob du die linke oder die rechte Seite der Abwärtsstriche verdoppelst, spielt dabei keine Rolle. Wichtig ist nur, dass du dich für eine Seite entscheidest und nicht innerhalb des Wortes die Seite wechselst.
Beachte, dass sich die zweite Linie an den Verlauf der ersten Linie „anschmiegt". Nur wenn beide Linien in der Form bleiben, wirken auch die Bögen harmonisch.

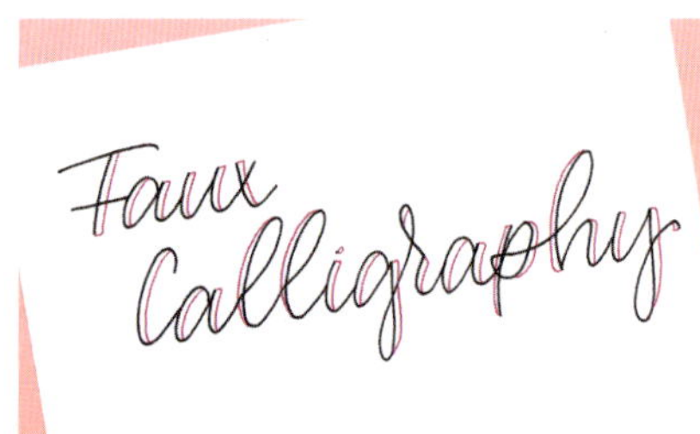

2

3 Fülle nun die entstandenen Zwischenräume aus. Du kannst sie schwarz ausmalen – das kommt dem klassischen Schriftbild der Kalligrafie am nächsten. Du kannst sie für einen fröhlichen Look aber auch mit Farben und Mustern füllen.

Faux Calligraphy

3

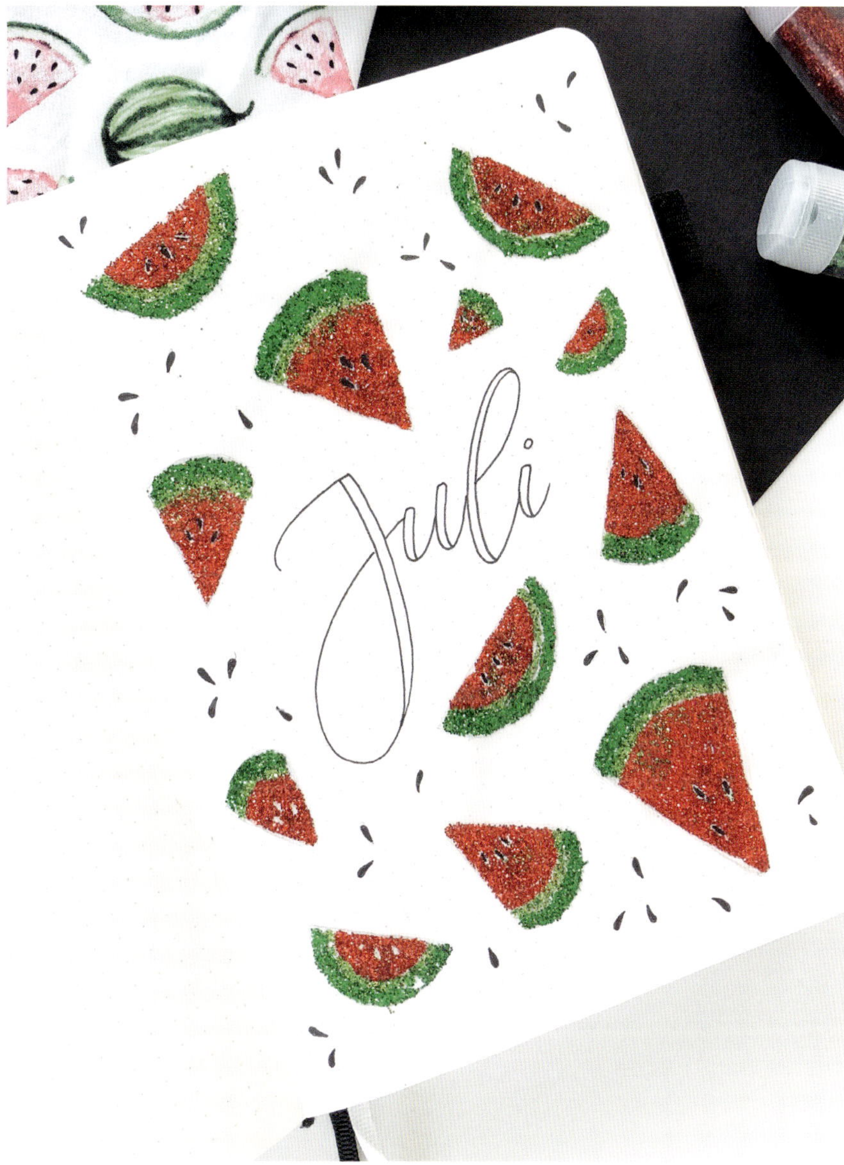

Techniken

Schatten, Highlights und Effekte

Du brauchst:

- Brush Pen deiner Wahl
- Brush Pen in einem etwas helleren Farbton
- Gelstift, weiß

1 Um bei einem Lettering einen Schatteneffekt zu erzielen, brauchst du zunächst einen weiteren Brush Pen in einem etwas helleren Farbton als die Ausgangsfarbe. Stelle dir vor, dein Lettering wird von einer Lichtquelle beleuchtet. Kommt das Licht von links, wirft die Schrift einen Schatten nach rechts. Deshalb malst du deine Schatten auf die rechte Seite der Buchstaben. Kommt das Licht von rechts, malst du sie auf die linke Seite. Achte darauf, dass sich der Schatten in das Schriftbild des jeweiligen Buchstaben einfügt und nicht zu plötzlich auftaucht. Mit ein bisschen Übung sollte es so aussehen, als hättest du das gleiche Wort noch einmal leicht versetzt geschrieben.

1

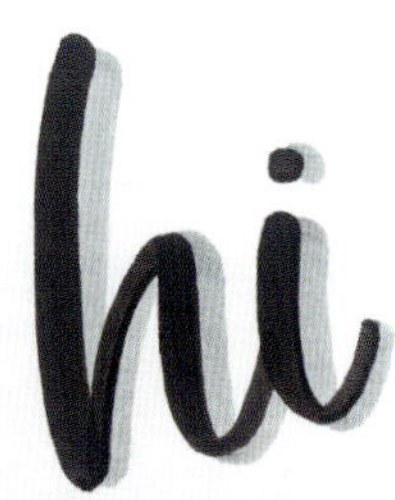

2 Highlights, die du mit einem weißen Gelstift setzt, verschaffen deinen Buchstaben einen Glanz, der sie besonders plastisch wirken lässt. Auch hier entscheidest du dich für eine Seite, von der aus eine Lichtquelle auf deine Buchstaben fällt. Setze dort kleine Lichtpunkte an die oberen Rundungen.

2

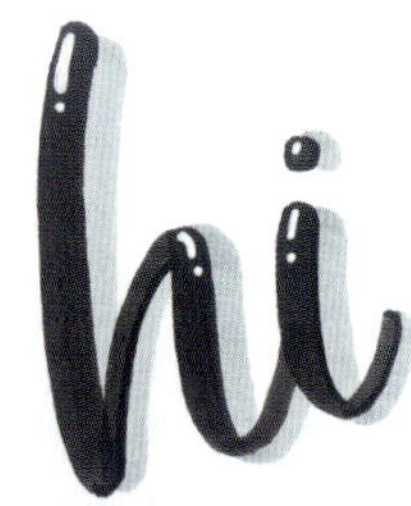

3 Einen weiteren 3D-Effekt kannst du ganz leicht erzielen, indem du links oder rechts von deinem Buchstaben – abhängig von der Lichtquelle – eine dünne Linie mit einem Pigmentstift oder Fineliner ziehst. Verbinde die Linie am Anfang und am Ende mit dem Buchstaben.

3

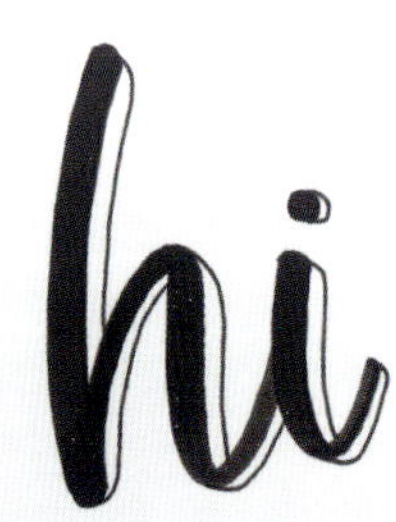

Techniken

Blending

Als „Blending" bezeichnet man im Handlettering das Verblenden verschiedener Farben miteinander innerhalb eines Buchstaben oder Wortes. Dadurch entsteht ein Farbverlauf. Es gibt viele Varianten und Techniken, um diesen Effekt zu erzielen. Die einfachste Technik ist das vertikale Blending, also das Verblenden von oben nach unten oder umgekehrt.

Du brauchst:

- Zwei Brush Pens in verschiedenen, aber ähnlichen Farbtönen. Je ähnlicher die Farbtöne, desto sauberer der Übergang.
- Festes, glattes Papier zum Üben

1 Lettere deinen Buchstaben oder dein Wort in der helleren der beiden Farben.

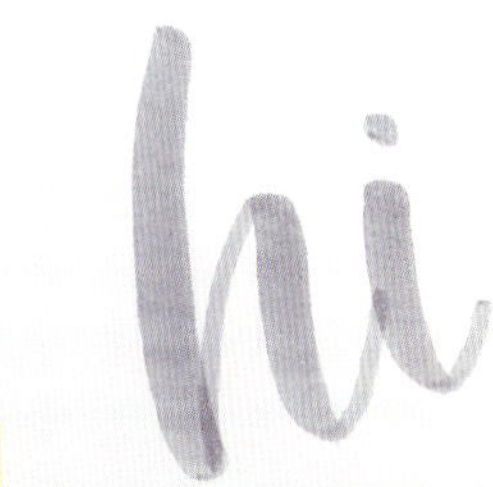

1

2 Fahre den oberen oder unteren Teil des Buchstabens oder des Wortes mit der dunkleren Farbe nach.

2

3 Beginne mit der helleren Farbe ein Stück oberhalb des Übergangs und zieh die dunkle Farbe mit kurzen, schnellen Strichen in den hellen Bereich. Ist dir der Übergang noch zu hart, kannst du auch den restlichen Buchstaben noch mit deiner hellen Farbe nachmalen.

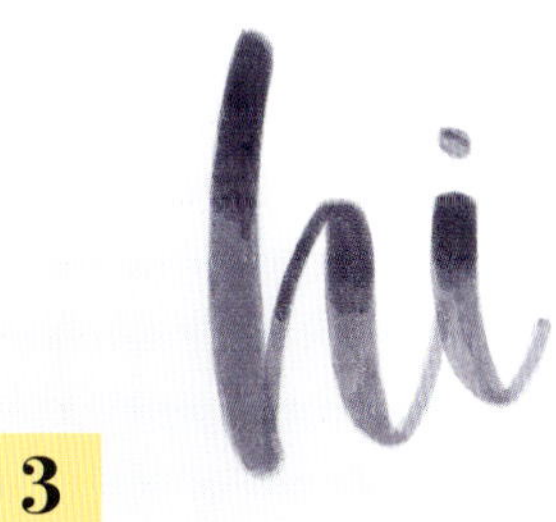

3

Tipp

Je trockener die Farben sind, umso schwieriger wird das Verblenden. Am besten, du wendest die Technik nach und nach an jedem Buchstaben deines Wortes einzeln an.

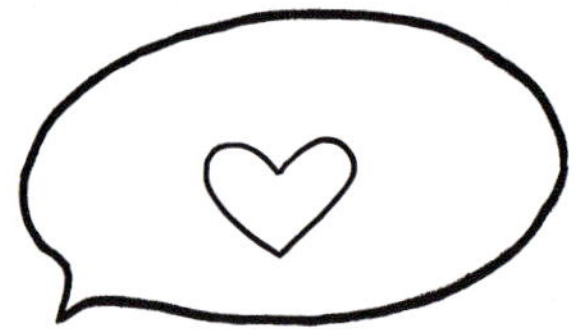

Tipps & Tricks

Wie du dein Bullet Journal so nutzt, dass es für dich persönlich optimal ist, findest du mit der Zeit heraus. Es gibt jedoch ein paar kreative Tricks, die dich bei deiner Organisation unterstützen und noch dazu Spaß machen.

Der weiße Gelstift – Retter in der Not

Fehler gehören im Leben dazu, so auch im Bullet Journal. Wenn du trotzdem mal eine kleine Korrektur vornehmen musst, ist ein weißer Gelstift überaus praktisch. Mit seiner feinen Spitze ist er viel präziser als ein Korrekturroller und wird durch seine vielen Einsatzmöglichkeiten schnell unverzichtbar für dich.

Du hast einen Buchstaben oder ein Zeichen zu viel gesetzt? Ein kleiner, unschöner Fleck ist entstanden? Kein Problem!

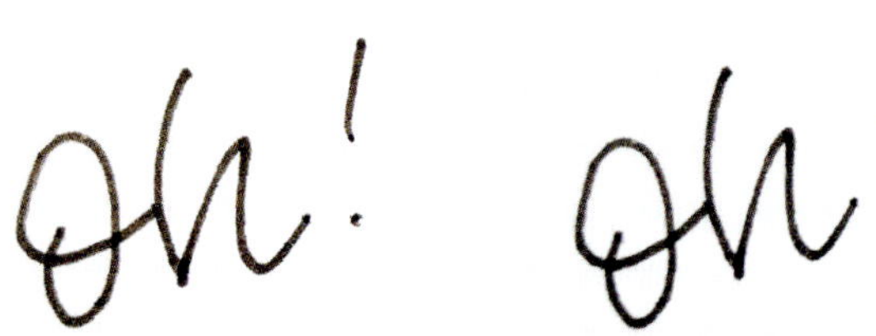

Mit einem weißen Gelstift betupft, ist von dem Fehler schnell nichts mehr zu sehen. Je heller dein Papier ist, umso weniger sichtbar ist deine Korrektur im Nachhinein.

Schablonen aus Papierresten

Man muss nicht immer zusätzlich Geld ausgeben, um sich ein sinnvolles Werkzeug für das Bullet Journal zu beschaffen. Schablonen, zum Beispiel für die Boxen in Wochen- oder Monatsübersichten, lassen sich ganz einfach aus einem Rest Fotokarton oder Motivkarton herstellen. Ziehe dafür von den Maßen deiner Box circa je zwei Millimeter von oben und von der Seite ab und übertrage die neuen Maße auf das feste Papier. Nach dem Ausschneiden hast du deine eigene Schablone und sparst dir in Zukunft das Linienziehen mit dem Lineal. Schreib die Maße auf die Schablone, damit du später noch weißt, in welcher Größe du sie angefertigt hast.

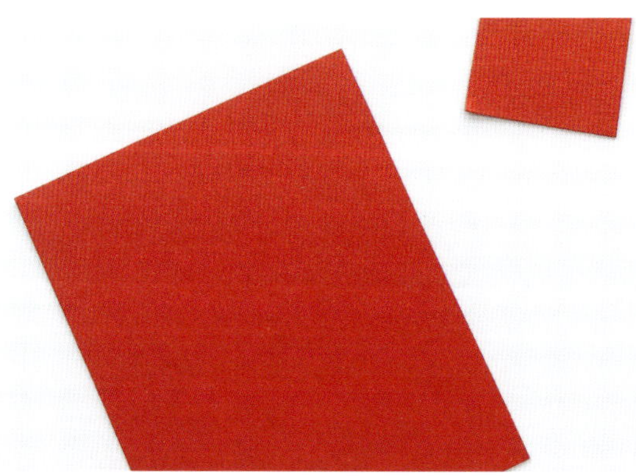

Praktische Seitenmarkierer

Die auch als „Tab" bezeichneten Seitenmarkierungen verschaffen dir in deinem Notizbuch schon von außen einen optimalen Überblick. Sie lassen sich ganz einfach einkleben Mit einem Handgriff findest du die Seite, die du suchst, ohne dass du blättern oder im Inhaltsverzeichnis nachlesen musst.

Du kannst die einzelnen Monatsdeckblätter mit einem solchen Lesezeichen markieren oder besondere Listen, die du oft benötigst.
Im Handel gibt es viele verschiedene Tabs mit Klebefläche zu kaufen. Du kannst sie jedoch auch ganz leicht aus einem Stück Fotokarton oder Motivpapier selber machen und mit Kleber befestigen.

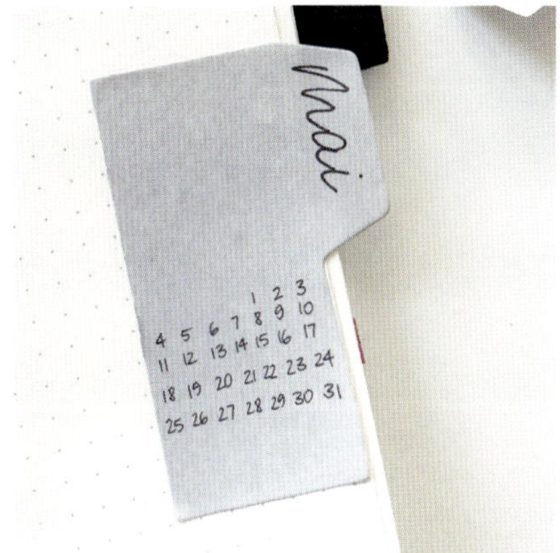

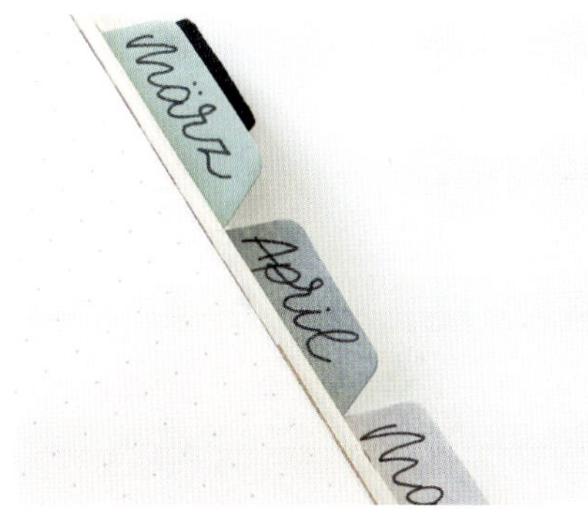

Einkaufsliste to go

Es passiert immer wieder: Man schreibt eine Einkaufsliste in das Bullet Journal, aber wenn man im Laden steht, fühlt es sich doch seltsam an, mit einem Notizbuch durch die Regale zu laufen. Legst du eine Seite in deinem Bujo an, auf der sich ein dünner Klebezettelblock befindet, kannst du deine Liste bequem herausnehmen und nach dem Einkauf entsorgen.

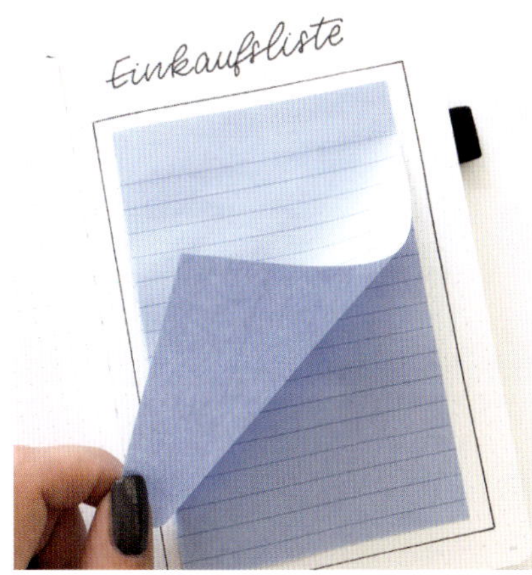

Klebepunkte

Eine weitere Möglichkeit, deine Seiten so zu markieren, dass du auf Anhieb findest, was du suchst, sind verschiedenfarbige Klebepunkte. Klebe sie einfach bis zur Hälfte an den Rand deiner Seite, knicke die andere Hälfte um und klebe sie an der Rückseite des Papiers fest. Praktisch wird es, wenn du die entsprechenden Farben in deinen „Color Code“ (siehe Seite 38) oder deine Legende mit aufnimmst.

Du kannst dabei alles markieren, was und wie du möchtest: Rezepte bekommen zum Beispiel einen blauen Punkt, Monatsübersichten einen roten, Finanzen einen grünen Punkt und Listen einen gelben Klebepunkt. Das funktioniert übrigens nicht nur mit Klebepunkten, sondern auch mit Washi Tape sehr gut.

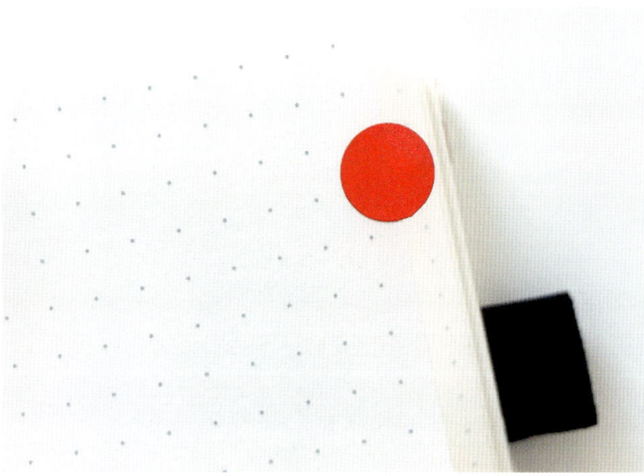

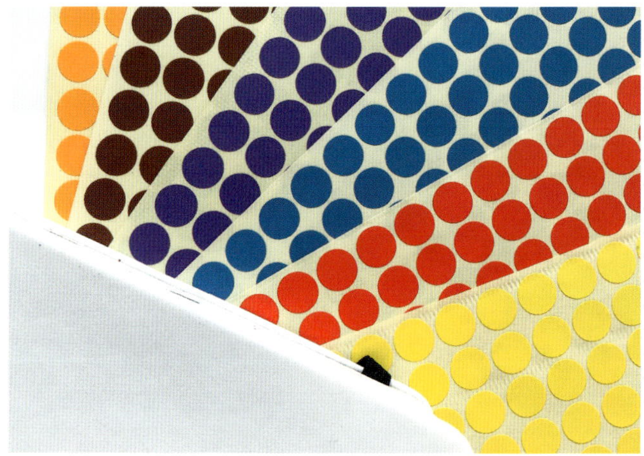

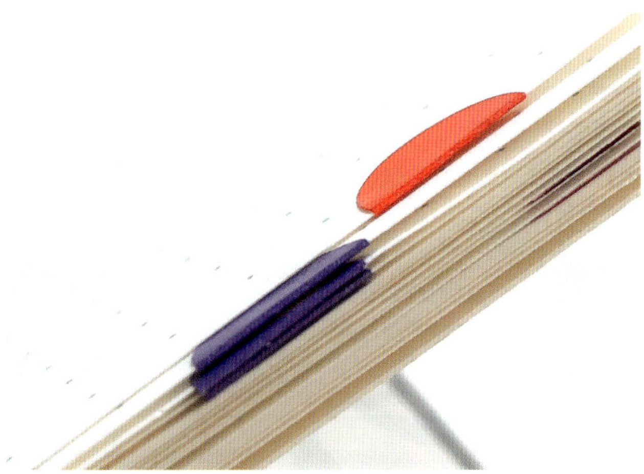

Lesebändchen DIY

Du hast das perfekte Notizbuch gefunden, aber es hat keine oder zu wenig Lesebändchen? Mit ein paar wenigen Handgriffen kannst du so viele Bändchen in dein Bullet Journal einkleben, wie du möchtest. Alles, was du brauchst, ist eine Heißklebepistole, ein Feuerzeug, doppelseitiges Satinband und eine Schere.

1 Stelle das Buch mit der Unterkante vor dich auf den Tisch und schlage es weit auf. Du siehst jetzt von oben in das Innere des geleimten Buchrückens. Hier klebst du gleich dein Lesebändchen rein. Schneide das Satinband gerade ab und verschweiße das Ende vorsichtig mit einem Feuerzeug. Gib jetzt etwas Heißkleber auf das obere Ende des Bandes und positioniere es dort, wo es kleben soll.

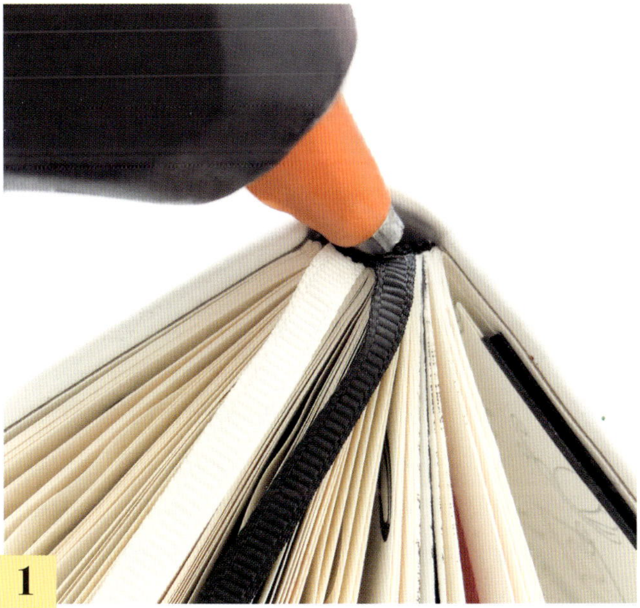

1

2 Drücke diese Stelle mit der Spitze der Schere an und schließe dabei das Buch. So sorgst du dafür, dass das Bändchen später fest an seinem Platz sitzt.

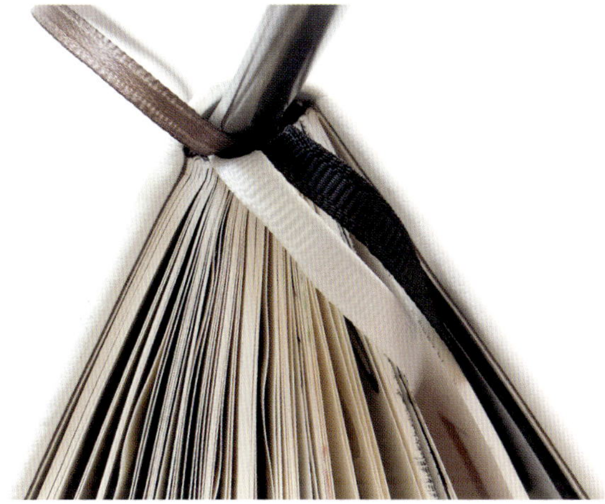

2

3 Warte ein paar Sekunden, bis der Kleber festgeworden ist. Jetzt kürzt du das Bändchen noch auf die gewünschte Länge.

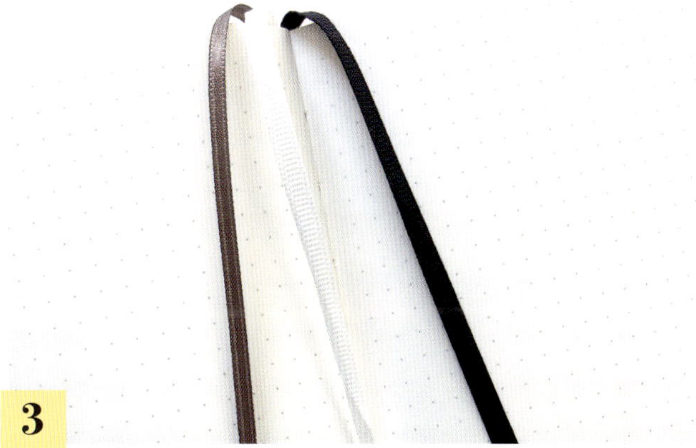

3

Zettelsammler

Die meisten Notizbücher besitzen auf dem hinteren Bucheinband eine Tasche, in der man lose Zettel aufbewahren kann. Gibt es eine solche Tasche in deinem Buch nicht oder möchtest du an anderer Stelle einen Ort haben, um etwa Arztrezepte oder Terminkarten zu verstauen, brauchst du nur einen Umschlag und Klebestreifen.

Suche einen passenden Briefumschlag, öffne ihn und klebe die drei geschlossenen Seiten mit Klebestreifen oder Washi Tape in deinem Bullet Journal fest. Nun ist endgültig Schluss mit der Zettelwirtschaft!

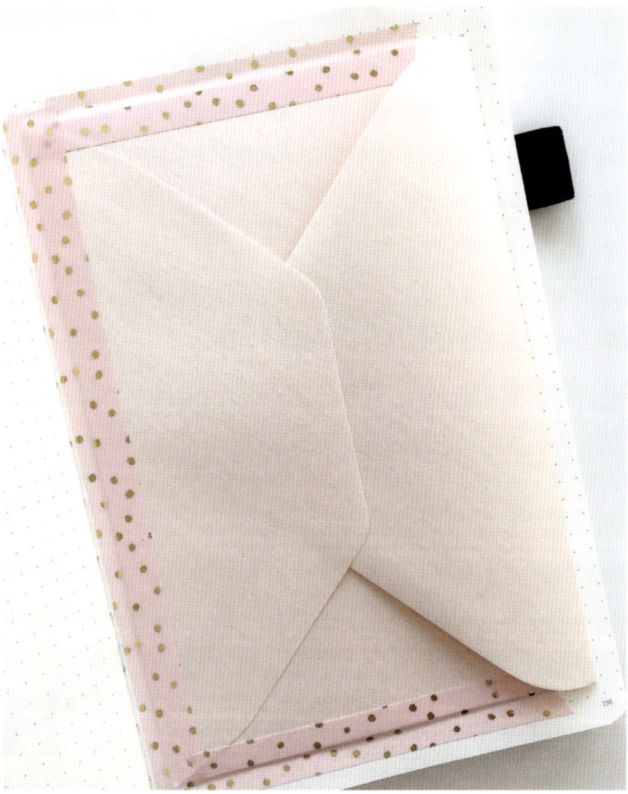

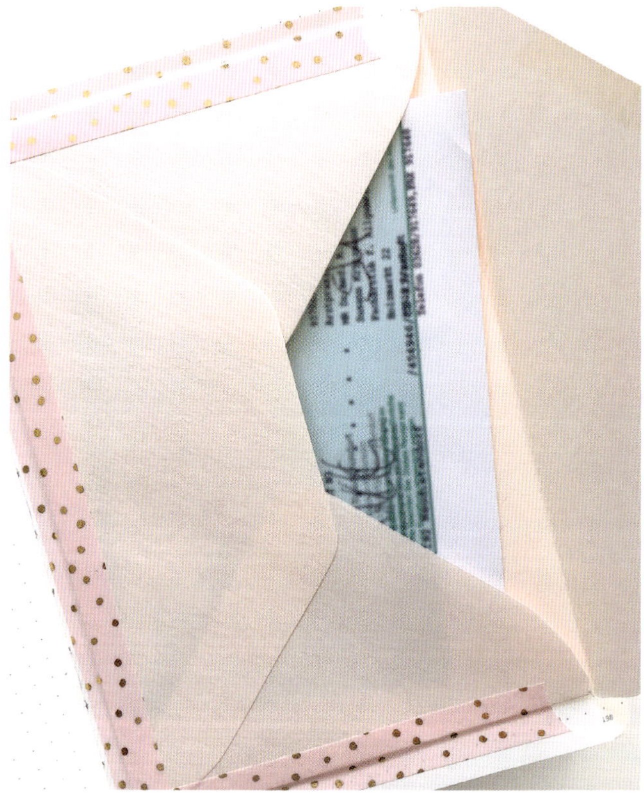

Die Anatomie (d)eines Notizbuchs

Wer nicht bereits die gängigen Maße sämtlicher Boxen von Monats- oder Wochenübersichten im Kopf hat, kann sich eine Merkseite anlegen. Hier hältst du alle Maße fest, die du regelmäßig wissen musst. Von der Gesamtbreite deiner Seite bis hin zu den Boxen, die du gern für deine Monatsübersicht verwendest, kannst du hier alles notieren. Zusätzlich kannst du aufschreiben, wie viele von den jeweiligen Boxen auf eine Seite passen, wie viel Platz du am Rand lassen musst und wie breit deine Überschriften sein können. Die Zeit, die du dafür brauchst, ist gut investiert, denn du sparst sie garantiert in Zukunft.

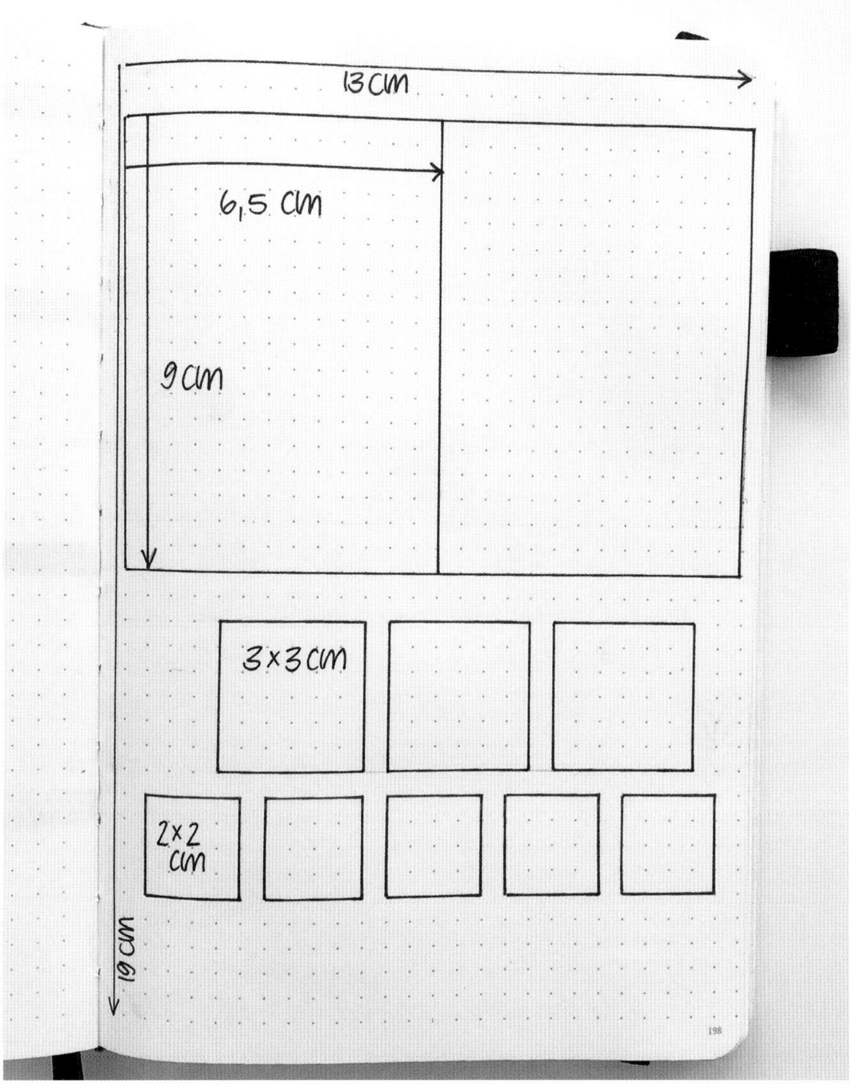

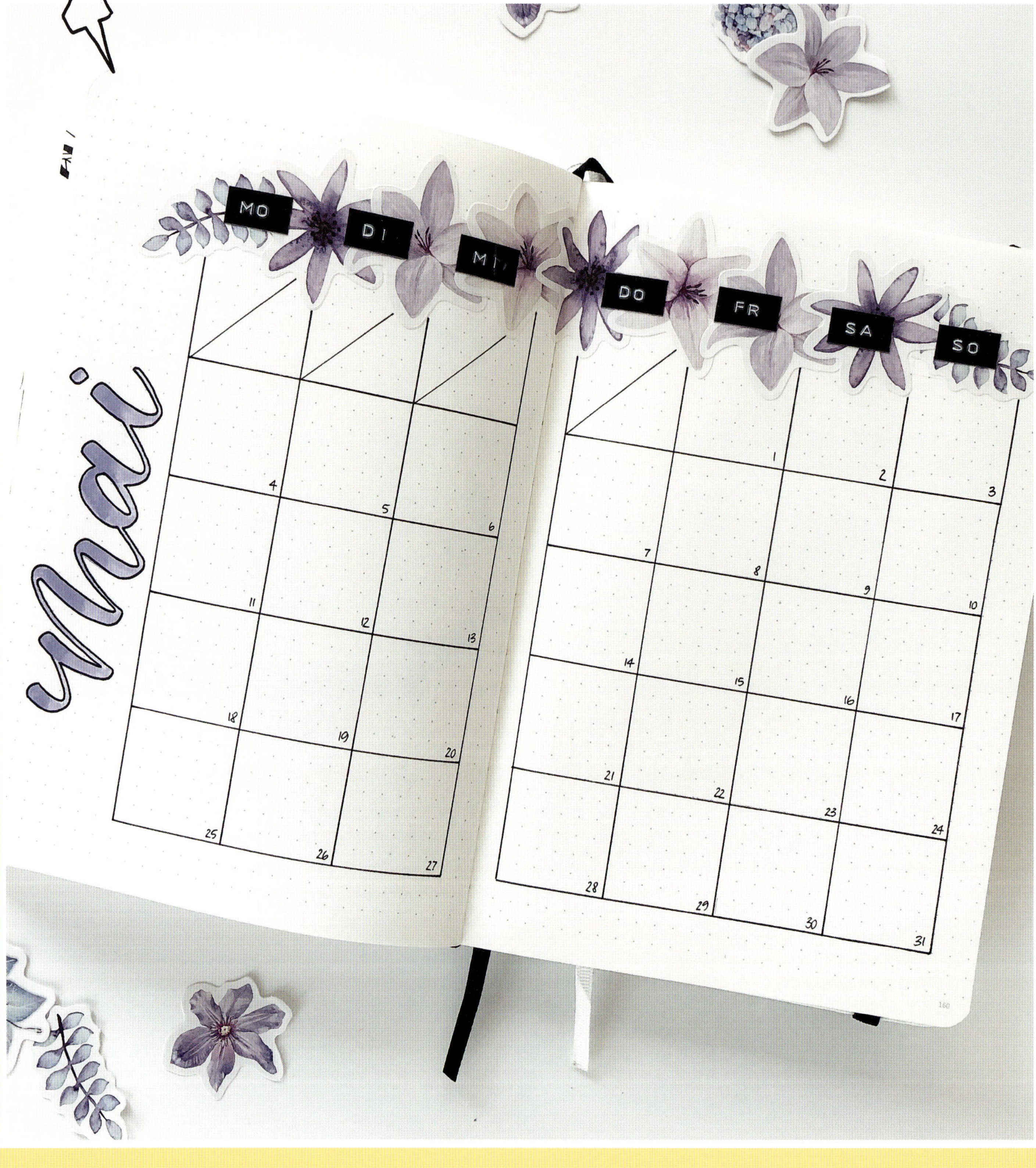
Mai
MO
DI
MI
DO
FR
SA
SO
1
2
3
4
5
6
7
8
9
10
11
12
13
14
15
16
17
18
19
20
21
22
23
24
25
26
27
28
29
30
31

Projekte

Schreibwaren und Bastelbedarf einzukaufen, macht immer wieder sehr viel Spaß. Die Möglichkeiten sind nahezu endlos, der Kreativität sind keine Grenzen gesetzt und trotzdem fehlen manchmal die Ideen.
Auf den folgenden Seiten findest du viele kreative Projekte, die du mit deinen eigenen Mitteln und Vorstellungen umsetzen kannst.

Watercolor mit dem Brush Pen

Um Zeichnungen und Hintergründe farbig zu gestalten, brauchst du nicht unbedingt einen Aquarellfarbkasten. Auch mit wasserbasierten Brush Pens kannst du ganz einfach Farbe in dein Bullet Journal bringen.

Du brauchst:

- Brush Pens auf Wasserbasis
- Aquarellpinsel
- Mischpalette, zum Beispiel einen Teller, eine Dokumentenhülle oder eine flache Schale
- Wasserglas
- Wasserfesten Fineliner, schwarz
- Aquarellpapier, DIN A5 oder größer
- Bleistift, Radiergummi

Hinweis

Um etwas zu kolorieren, also auszumalen, benötigst du eine Zeichnung. Ob du diese mit Bleistift oder gleich mit wasserfestem Fineliner anfertigen willst, bleibt dir überlassen. Zeichnest du mit dem Bleistift vor, solltest du wissen, dass sich die Linien nach dem Ausmalen mit der Wasserfarbe mitunter schlecht oder gar nicht mehr radieren lassen. Lege zum Schutz deiner nächsten Buchseiten ein Aquarellpapier unter die Seite, auf der du mit Wasserfarbe arbeitest.

Tipp

Bevor du in deinem Bujo mit Wasserfarben arbeitest, teste zunächst auf der letzten Seite, ob dein Notizbuch dafür geeignet ist. So bekommst du gleich ein erstes Gefühl dafür, wie viel Wasser du zu deiner Farbe geben kannst.

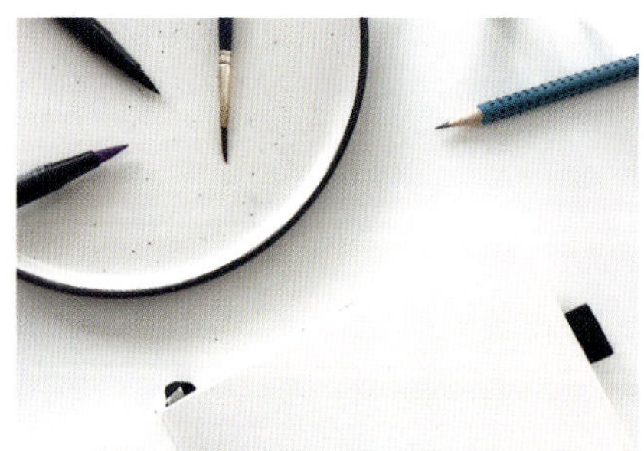

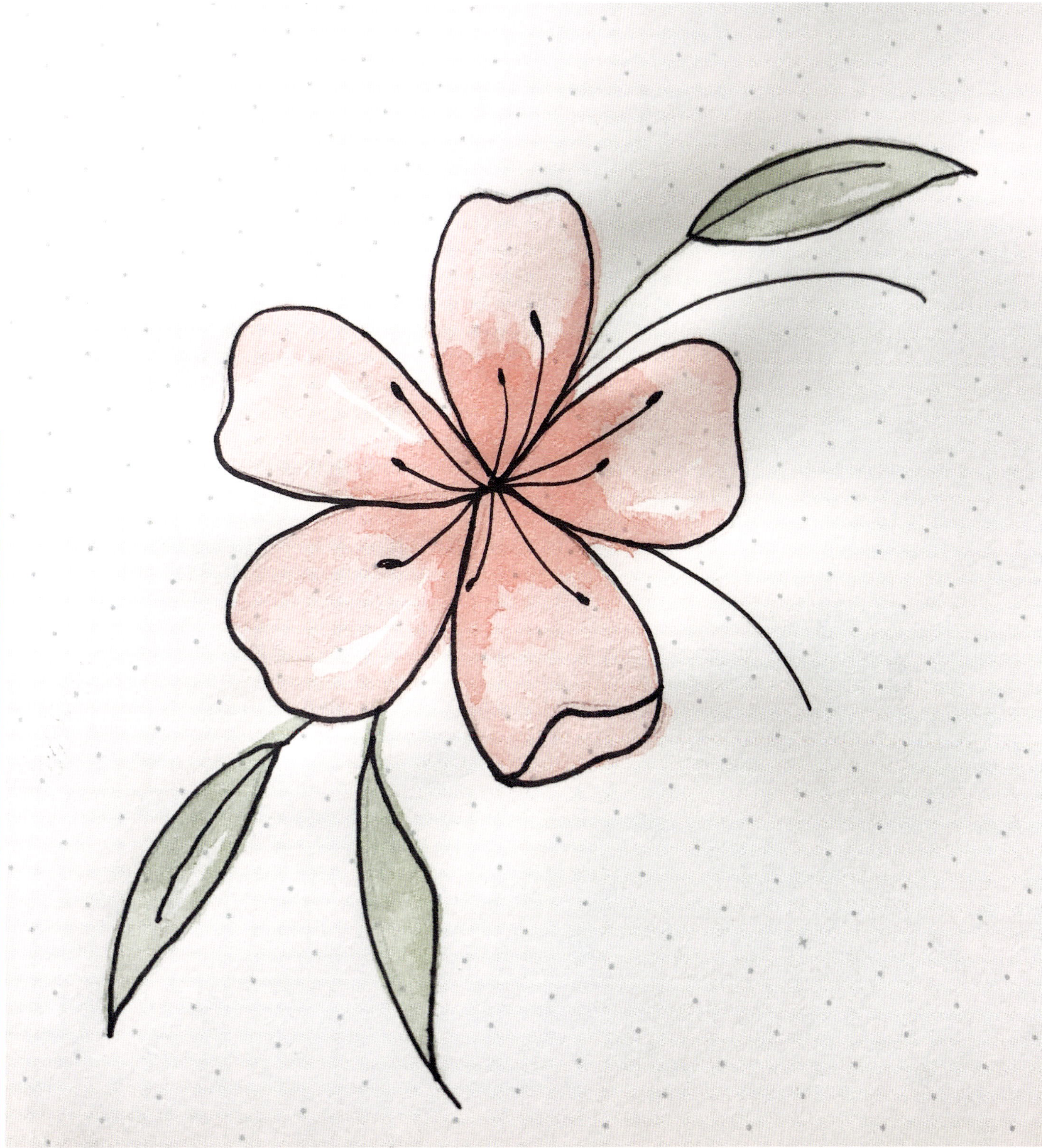

1 Nimm deinen Brush Pen zur Hand und bringe damit Farbe auf deiner Mischpalette auf, indem du den Stift hin und her bewegst. Tauche deinen Pinsel in das Wasserglas und vermische deine Farbe mit etwas Wasser. Je weniger Wasser du dazugibst, umso weniger wellen sich auch deine Seiten.

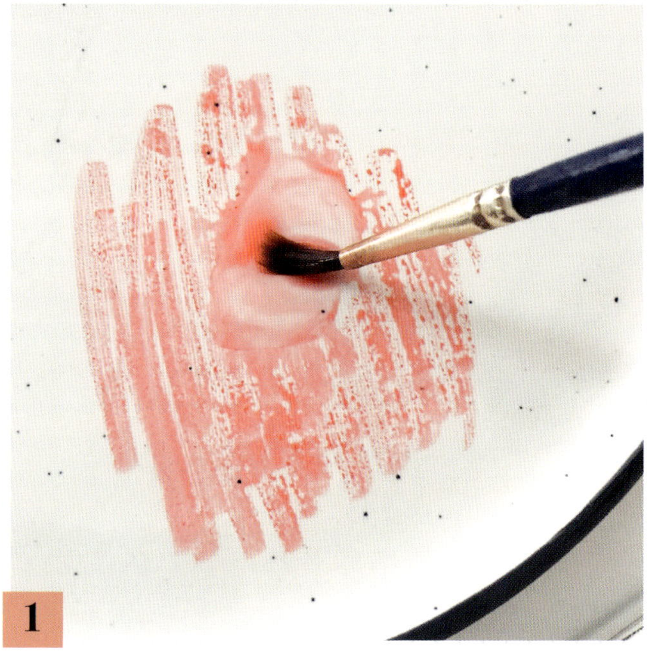

1

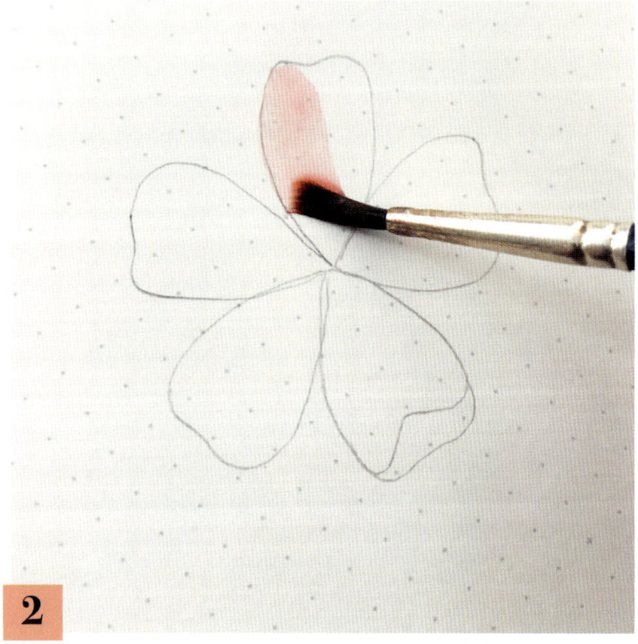

2

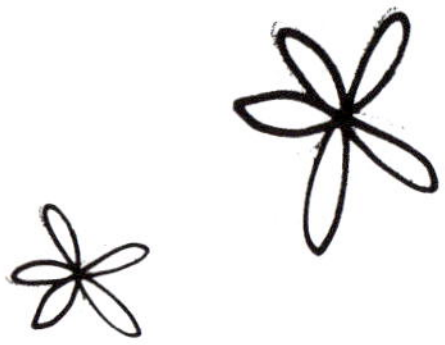

2 Trage nun die Farbe in deiner Zeichnung auf. Das muss nicht flächendeckend passieren. Kleine weiße Stellen sorgen dafür, dass deine Illustration lebendiger wirkt. Um bestimmte Bereiche dunkler zu gestalten, arbeitest du diese Stellen noch einmal mit dem Pinsel und der gleichen Farbe nach.

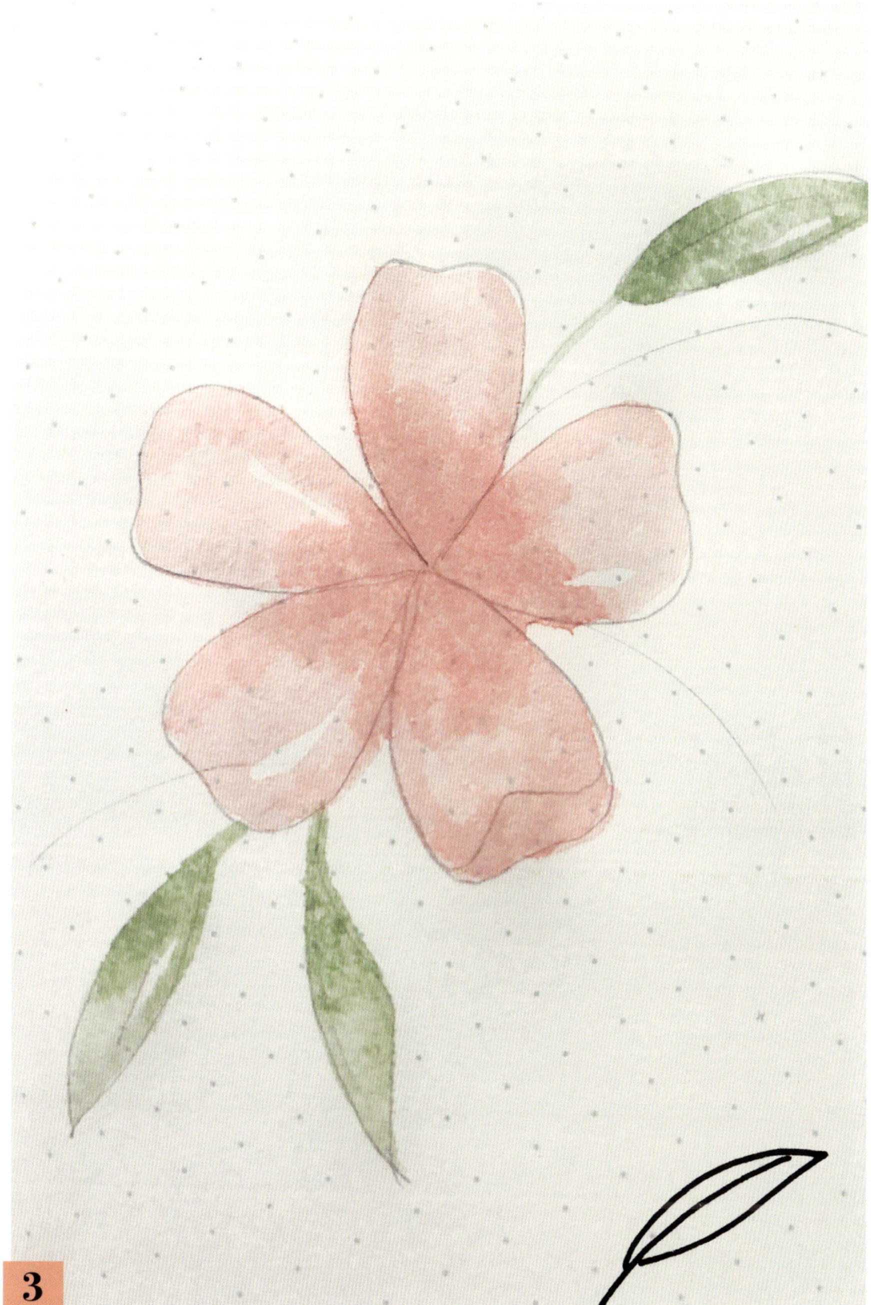

3

3 Nutze verschiedene Farben, um deine Zeichnung auszumalen. Du kannst die Farbtöne ganz einfach auf deiner Mischpalette mischen, wie du es von einem Farbkasten kennst.

4 Nachdem deine Illustration vollständig getrocknet ist, kannst du die Außenlinien und Details mit einem wasserfesten Fineliner nachziehen und eventuelle Bleistiftstriche wegradieren.

4

Tipp

Möchtest du einen Hintergrund, beispielsweise für einen Wochentag, gestalten, gehst du mit dem Pinsel in die mit Wasser verdünnte Farbe und malst eine breite Linie. Wenn du einen wasserfesten Fineliner zum Schreiben benutzt hast, kannst du den Hintergrund auch im Nachhinein einfügen, da die Farbe bei Wasserkontakt nicht verwischt.

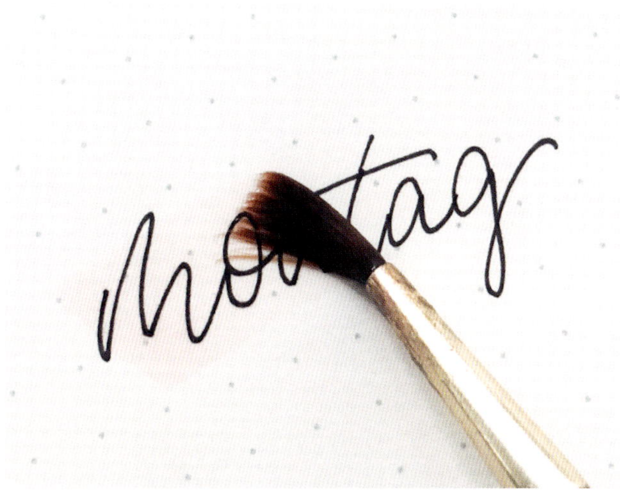

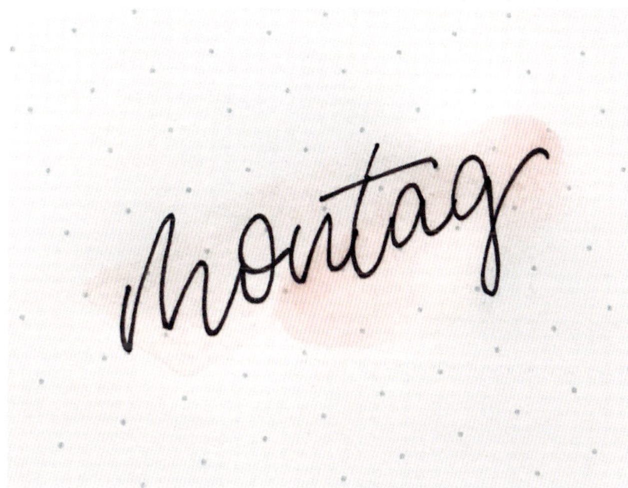

Blumiger Color Code

Deine Einträge im Bujo mit verschiedenen Farben vorzunehmen oder zu markieren, sorgt für mehr Übersichtlichkeit. Damit du immer gleich weißt, welche Farbe für welches Thema steht, kannst du einen sogenannten „Color Code", also eine Farblegende, anlegen.

Du brauchst:

- Eine Seite aus deinem Notizbuch
- Verschiedene Farbstifte
- Cuttermesser und feste Schneideunterlage
- Schere, Lineal
- Bleistift, Radiergummi
- Wasserfesten Fineliner, schwarz, Strichstärken 01 und 03
- Brush Pens
- Kleber oder Klebestreifen

Diese Legende klebst du am besten in den vorderen Bucheinband. Ausgeklappt ist die Übersicht von jeder Seite deines Notizbuchs aus einsehbar. Ein guter Grund, diese Zeichenerklärung hübsch zu gestalten!

1 Trenne mit dem Cuttermesser vorsichtig eine Seite aus deinem Notizbuch heraus. Nimm am besten ein Lineal zu Hilfe, dann wird der Schnitt gerade und du musst nicht mit der Schere nacharbeiten. Falte die Seite, die du abgeschnitten hast, ungefähr 1,5 cm nach innen. Dieser Streifen wird später auf den Bucheinband geklebt.

1

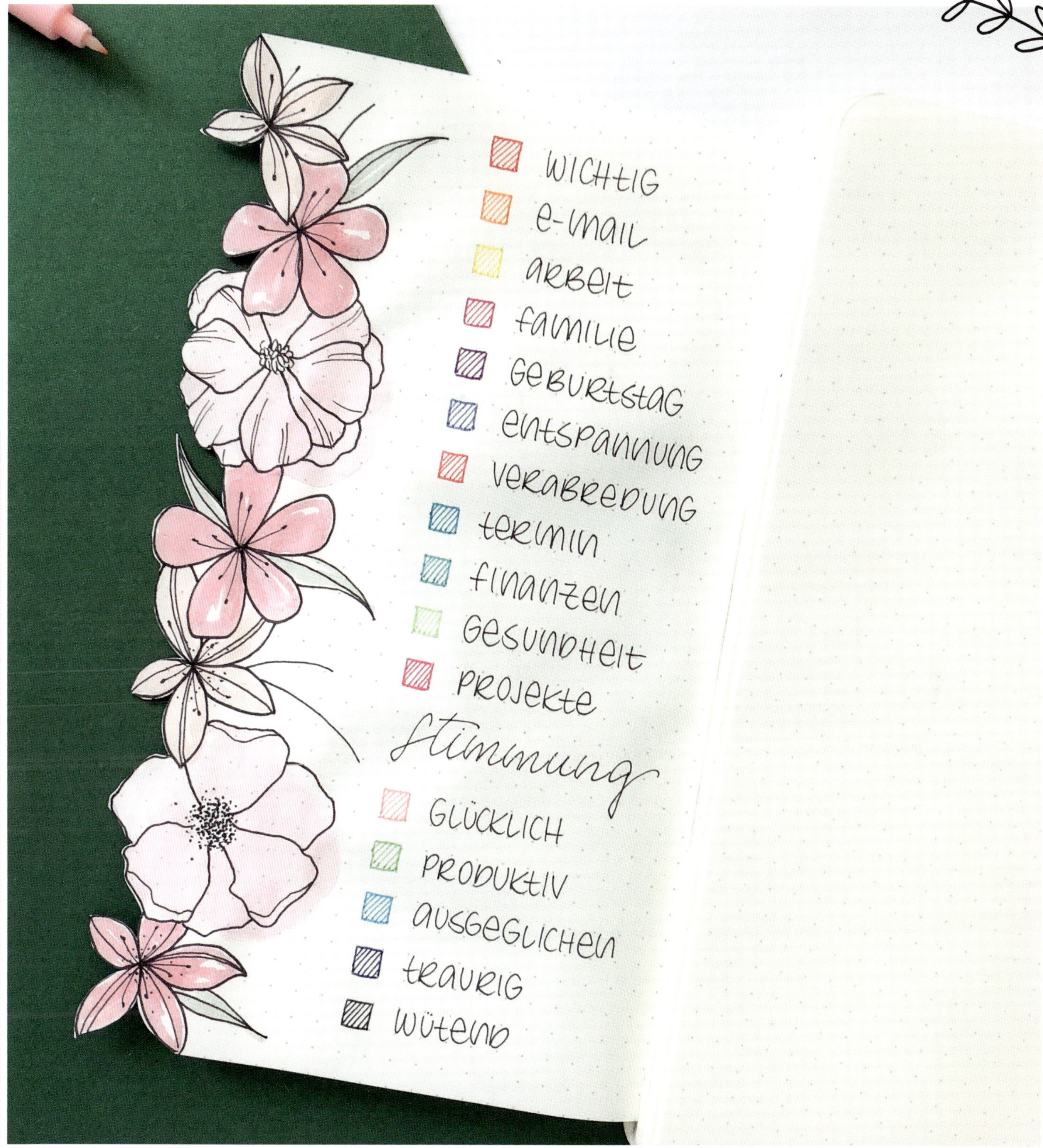
wichtig
e-mail
arbeit
familie
Geburtstag
entspannung
verabredung
termin
finanzen
Gesundheit
Projekte
Stimmung
Glücklich
Produktiv
ausgeglichen
traurig
wütend

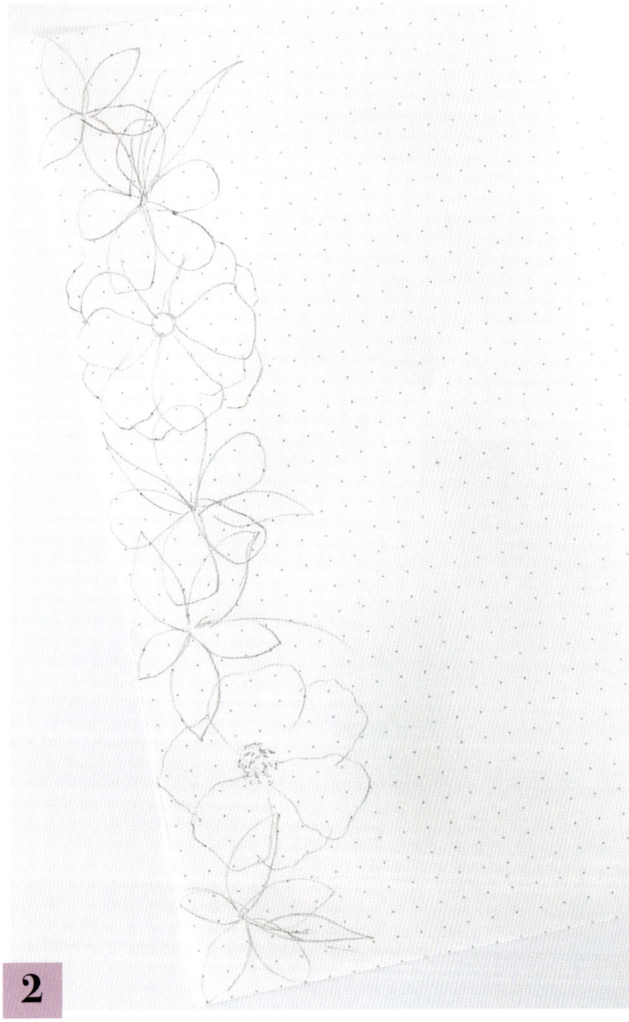

2

2 Zeichne mit dem Bleistift verschieden große Blüten an den Rand des Blatts, der dem gefalteten Rand gegenüberliegt. Achte darauf, dass die Blüten bis an den oberen und unteren Rand reichen. Es spielt dabei keine Rolle, auf welcher Seite des Blattes du beginnst, da du die Blüten auf beiden Seiten malst. Fahre anschließend die Konturen der Blüten mit dem wasserfesten Fineliner nach.

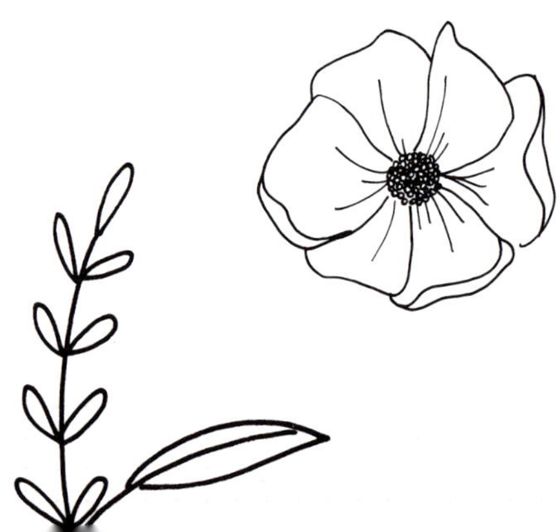

3

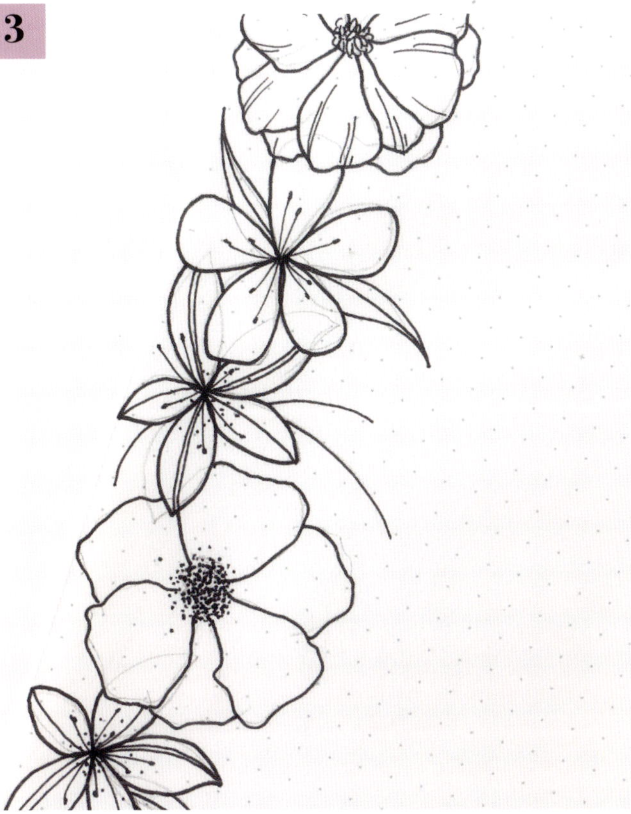

4

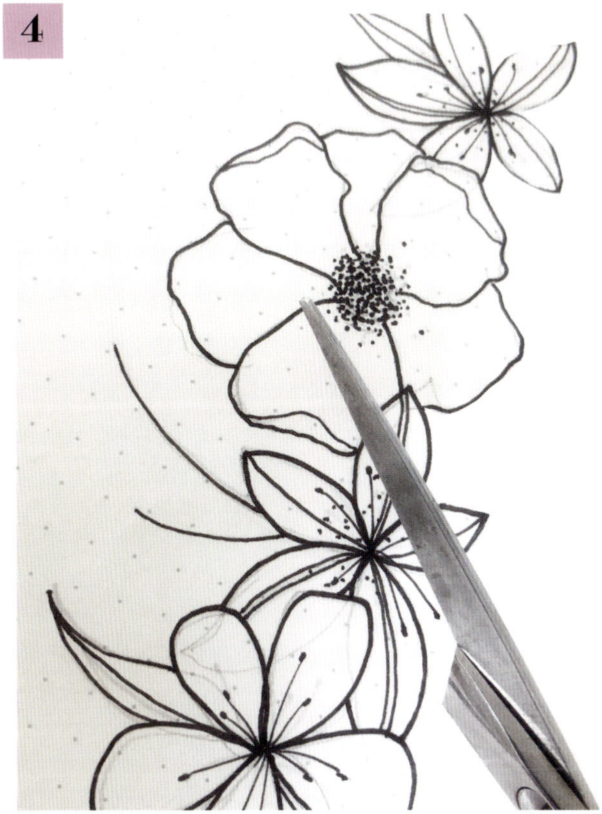

3 Mache dir nun für die Rückseite den Ghosting-Effekt zunutze. Die Blüten, die du mit dem schwarzen Stift nachgemalt hast, scheinen auf die Rückseite durch. Auf diese Weise kannst du sie dort ganz einfach nachziehen.

4 Radiere jetzt die Bleistiftstriche weg. Schneide anschließend mit der Schere einmal an den Außenlinien der Blüten entlang. Gehe dabei sorgfältig vor, damit du nicht aus Versehen zuviel wegschneidest.

5 Wenn du möchtest, kannst du die Blüten farbig gestalten, zum Beispiel in der Watercolor-Technik mit Brush Pens auf Wasserbasis.

5

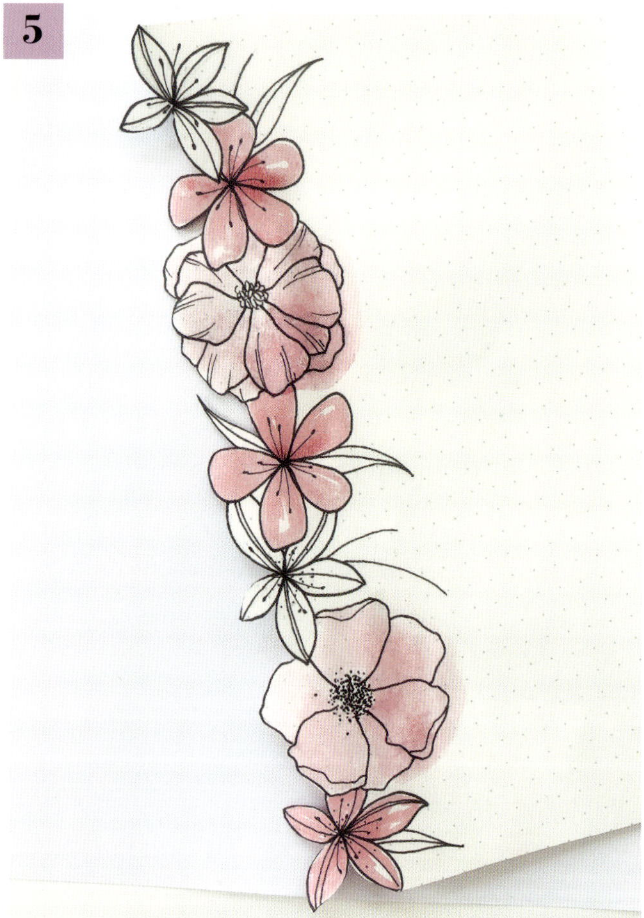

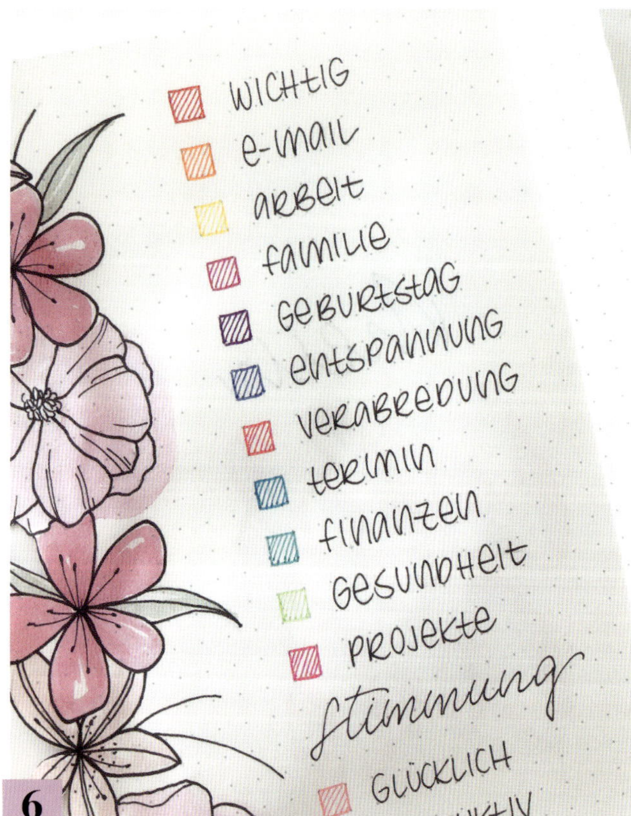

6

6 Hast du alle deine Blüten koloriert, legst du deine Legende an. Notiere alle Farben, die du in deinem Bujo benutzt, und schreibe ihre Erklärung dahinter.

Tipp

Hier kannst du auch die Farben und die Farbnummern für deinen Stimmungstracker (siehe ab Seite 86) festhalten.

7 Klebe jetzt deine Legende auf die erste Seite in deinem Notizbuch, die auf den Einband folgt. Mit einem Streifen Washi Tape kannst du auch diesen Teil deines Color Codes noch verzieren. Wenn du die Seite umschlägst, hast du in der Mitte noch Platz für ein Lettering.

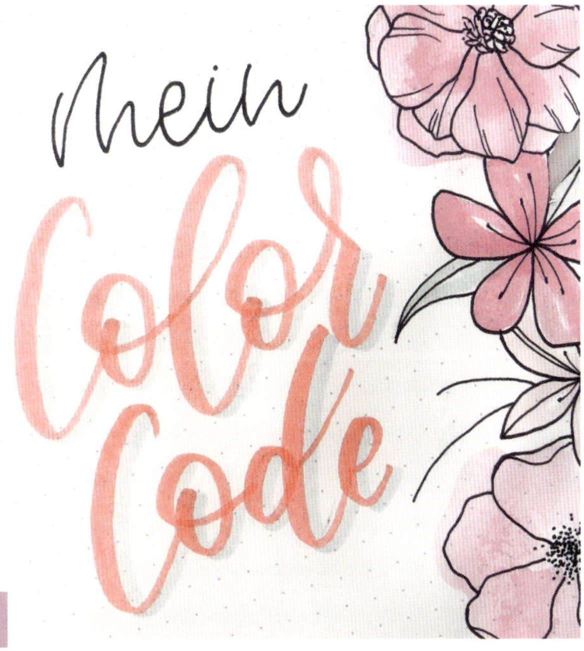

7

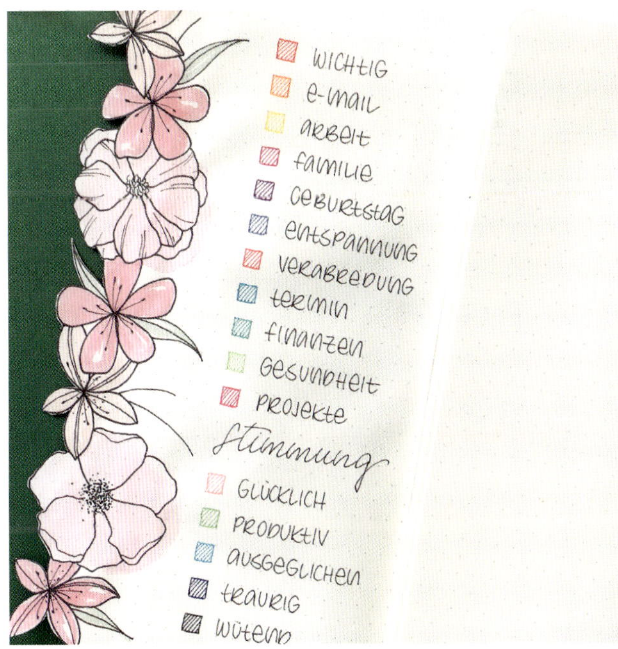

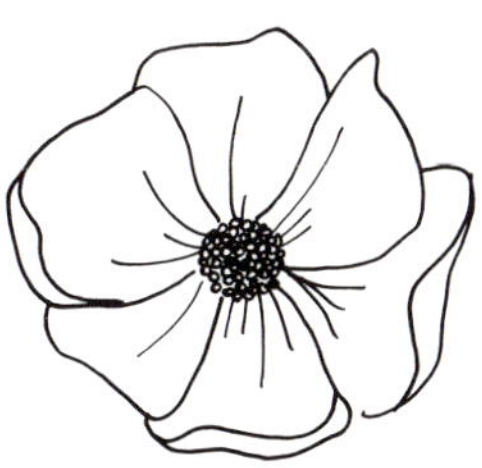

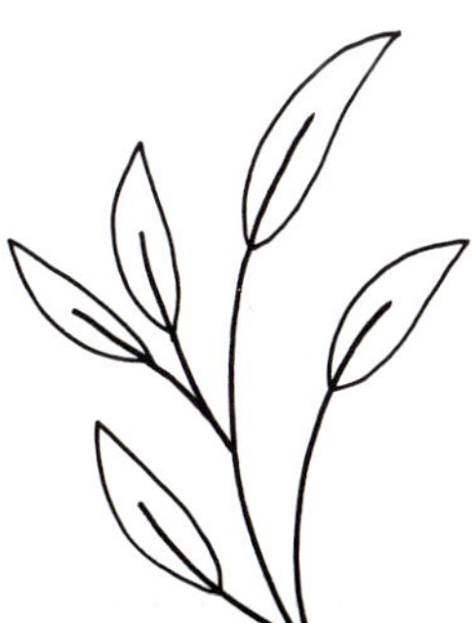

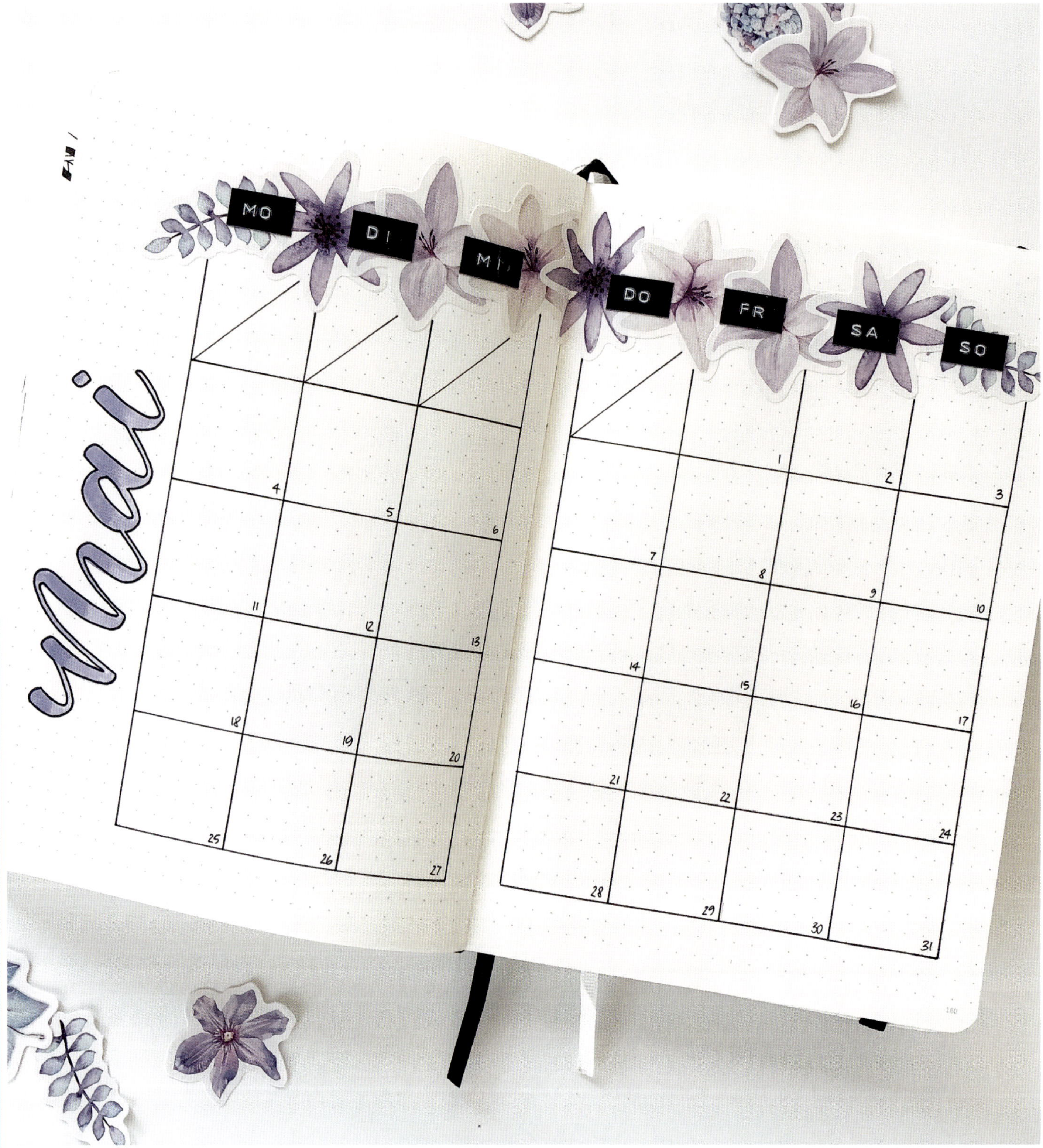
Mai
MO
DI
MI
DO
FR
SA
SO
1 2 3
4 5 6 7 8 9 10
11 12 13 14 15 16 17
18 19 20 21 22 23 24
25 26 27 28 29 30 31

Monatsübersicht mit Stickern

Wenn es einmal schnell gehen muss und du keine Zeit hast, selbst etwas zu malen, kannst du mit Hilfe von hübschen Stickern ganz schnell eine Monatsübersicht erstellen.

Du brauchst:

- Florale Sticker in möglichst unterschiedlichen Formen
- Ein Prägegerät mit schwarzem Prägeband
- Wasserfeste Fineliner in den Strichstärken 01 und 03
- Lineal
- Brush Pen in passender Farbe

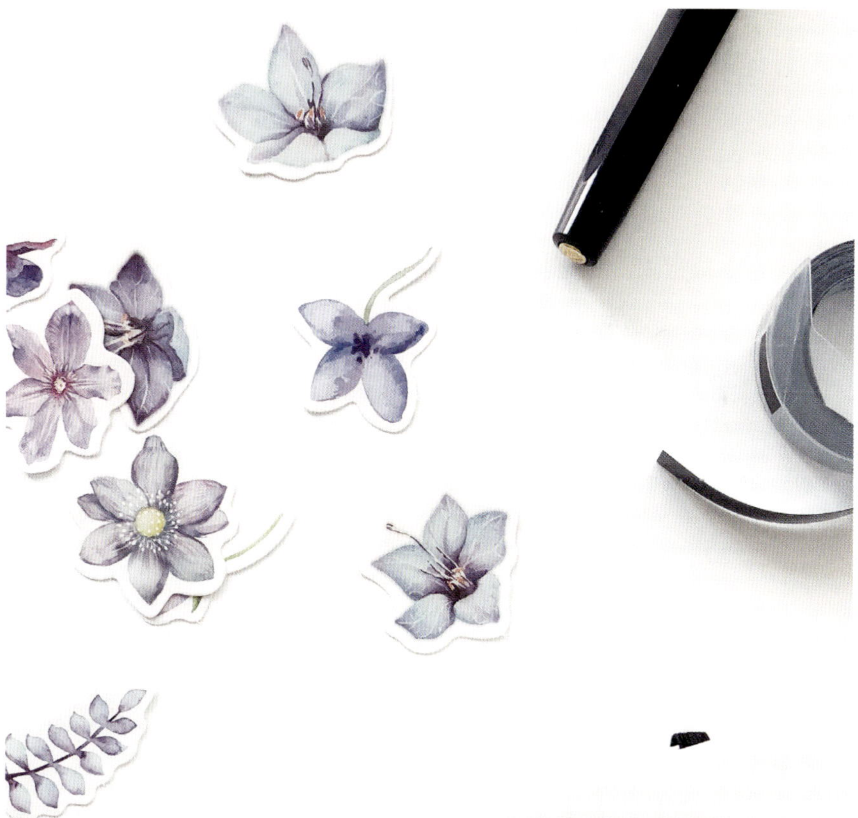

1 Lege zuerst dein Grundgerüst für die Monatsplanung an. Wichtig ist, dass auch die erste Zeile sieben Kästchen hat, ganz egal, auf welchen Wochentag der erste Tag des Monats fällt. Das ist nötig, damit jeder Sticker eine Verbindung zu deinen Boxen hat und später auf der Seite nicht verloren aussieht. Streiche die Boxen, in denen später kein Datum stehen wird, mit einer diagonalen Linie durch. Du kannst diese Boxen aber auch grau hinterlegen oder einfach weiß lassen.

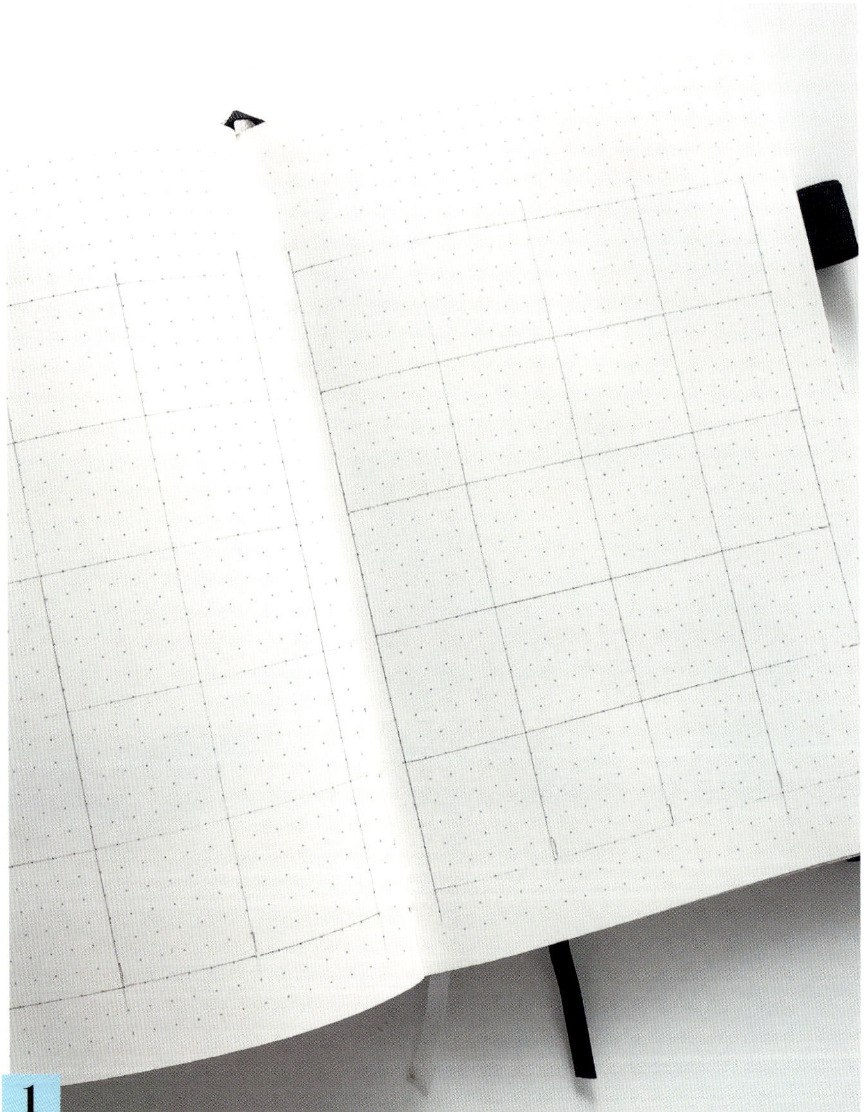

1

2

2 Jetzt legst du deine Sticker schon einmal in Position, vorerst ohne sie aufzukleben. Dabei sollten sie über die oberen Ecken der Monatsübersicht ein Stück hinausragen und die erste obere Linie knapp verdecken.
Klebe den ersten Sticker links über die Ecke deiner Monatsübersicht. Wenn du alle weiteren Sticker so klebst, dass sie sich in der Mitte der darunterliegenden Box überlappen, kannst du diesen Übergang später gut mit dem Prägeband kaschieren.

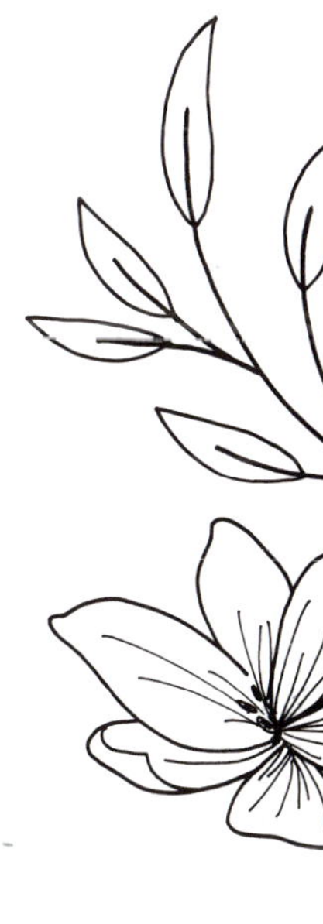

3 Fahre nun mit dem Fineliner alle Bleistiftlinien nach. Möchtest du besonders exakte Linien, verwendest du am besten ein Lineal. Datiere die Boxen und orientiere dich dabei an der Anzahl der Tage des Monats, für den du deine Übersicht erstellst. Zum Schluss letterst du mit einem Brush Pen in einem passenden Farbton den Monatsnamen an den Rand der Übersicht.

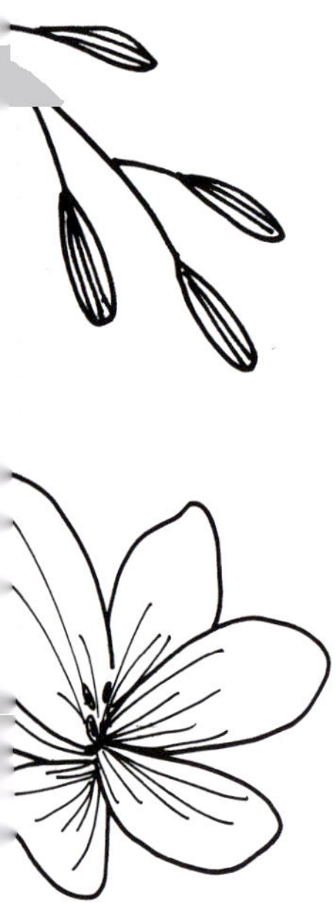

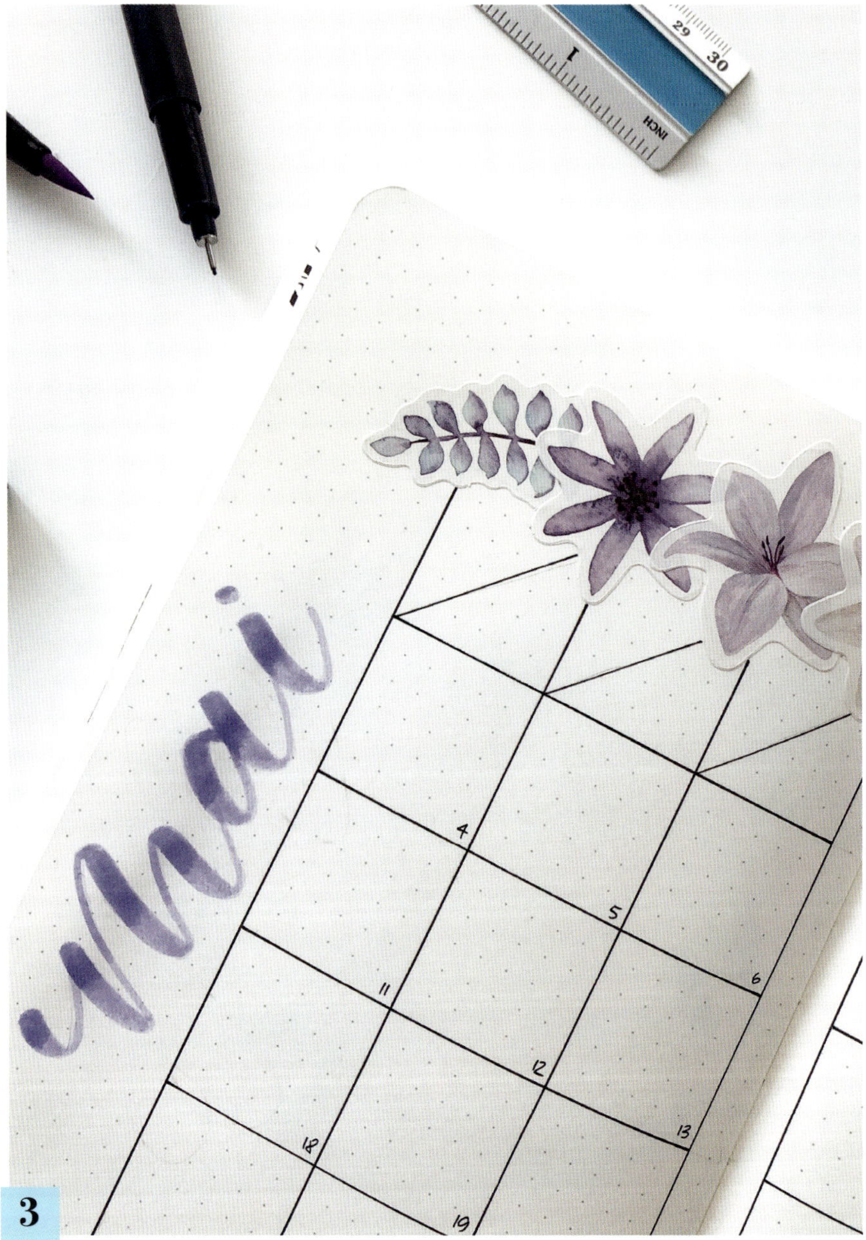

3

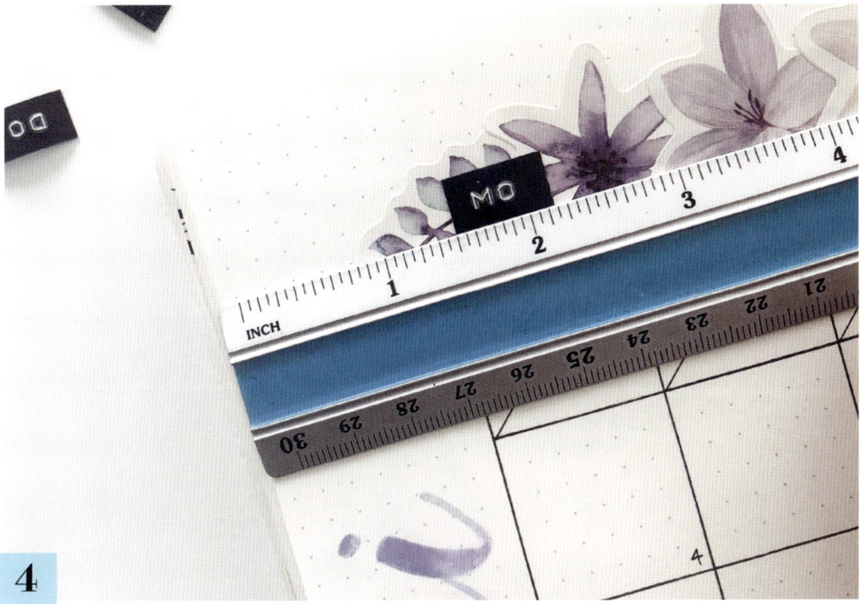

4

4 Nun wird es Zeit für die Wochentage. Fertige sie mit dem Prägegerät an, wobei du höchstens die ersten drei Buchstaben prägen solltest. Klebe die Prägeabschnitte mittig über die Boxen der ersten Zeile. Nimm ein Lineal zu Hilfe, damit die Wochentage auf einer Höhe stehen.

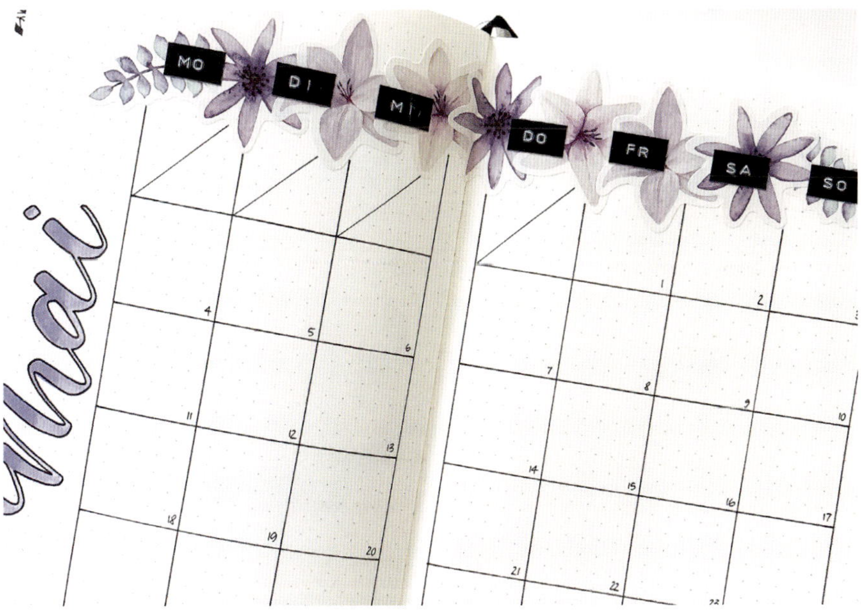

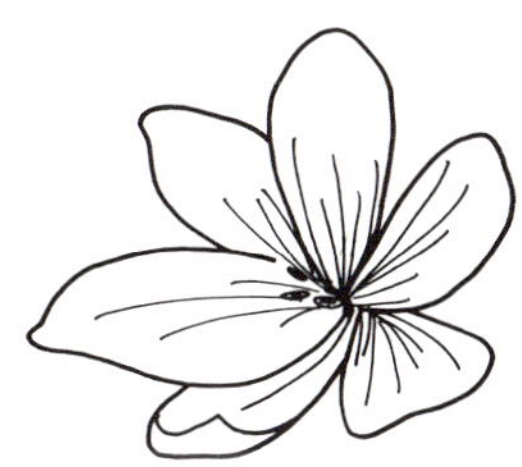

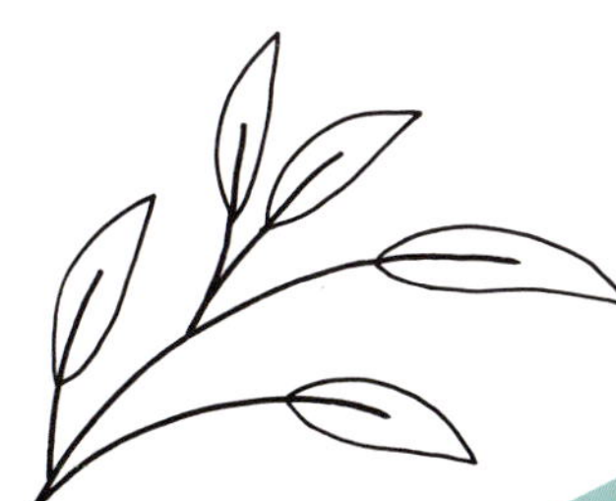

Glitzer-Cover

Begrüße den Monat mit Glitzer und schaffe damit ein außergewöhnliches Deckblatt in deinem Bullet Journal!

Du brauchst:

- Bastelglitzer in Rot, Hellgrün und Dunkelgrün
- Flüssigkleber mit feiner Spitze
- Wasserfester Pigmentliner, schwarz, Strichstärke 03
- Bleistift, Radiergummi
- Zahnstocher oder anderen spitzen Gegenstand
- 4 Blätter in Größe DIN A4

1 Schreibe zunächst mit Bleistift den Monatsnamen in die Mitte deiner Seite. Zeichne ihn in der Faux-Calligraphy-Technik (siehe Seite 20/21) mit dem schwarzen Pigmentliner nach.
Zeichne verschieden große Melonenstücke um den Monatsnamen herum. Jedes einzelne Melonenstück sollte aus drei Teilen bestehen: dem äußeren, später dunkelgrünen Rand, dem etwas helleren und schmaleren inneren Rand und dem roten Fruchtfleisch.
Zwischen die einzelnen Melonenstücke kannst du mit deinem schwarzen Pigmentliner ein paar Kerne malen, um eine optische Verbindung zwischen den Elementen zu schaffen.

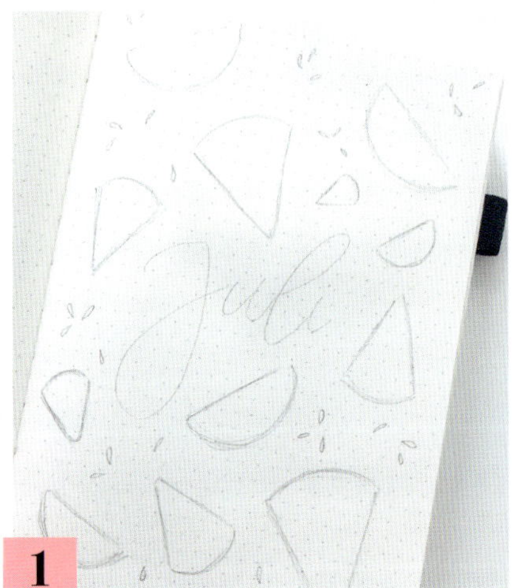

1

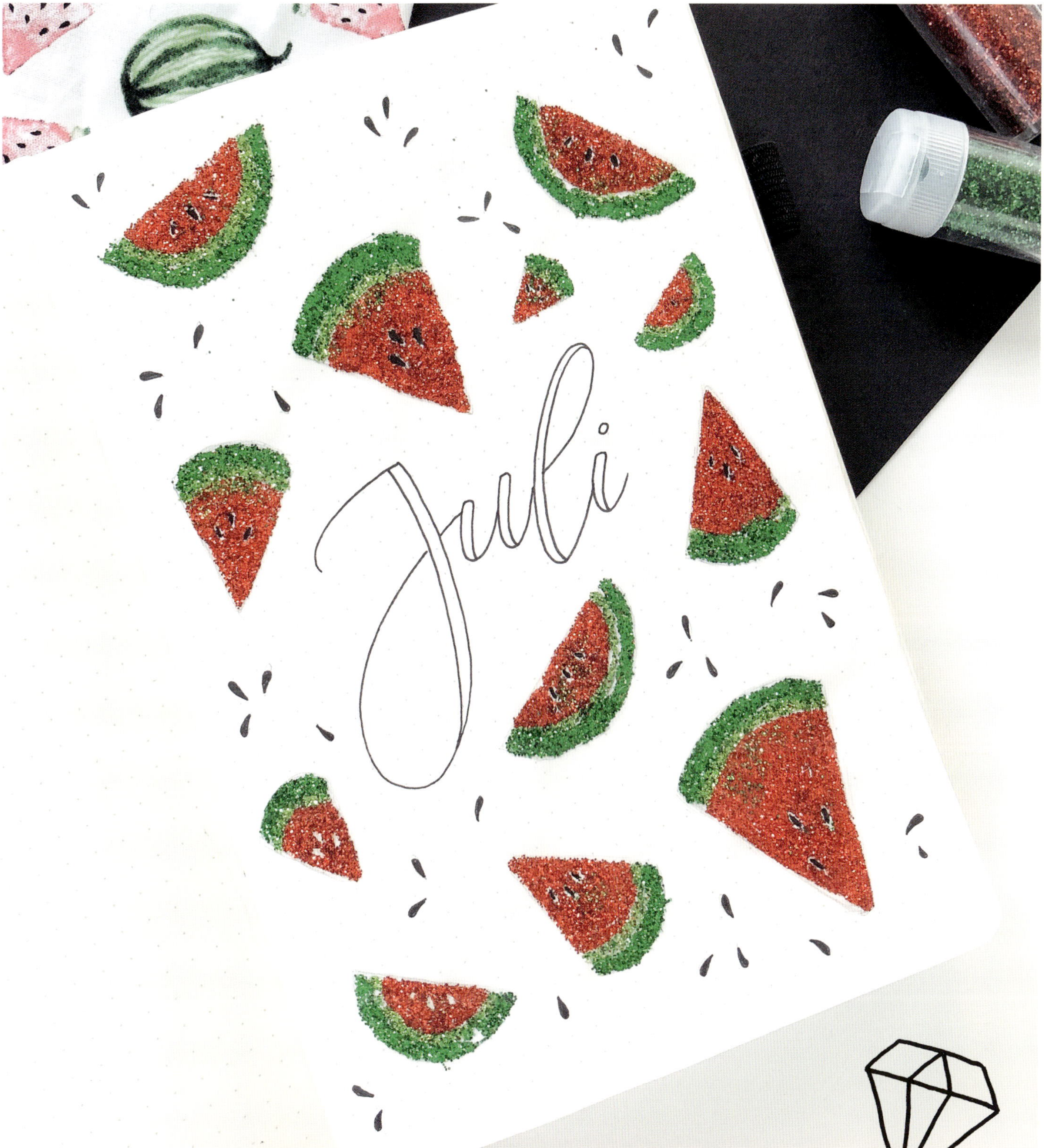
Juli

2 Bevor gleich der Kleber zum Einsatz kommt, falte ein DIN-A4-Blatt und lege es unter die Seite, auf der du arbeitest. Beginne mit dem ersten Melonenstück von oben. Bestreiche die Innenfläche, die später rot wird, mit Flüssigkleber. Wenn dein Kleber keine feine Spitze hat, gib etwas davon auf einen alten Teller und benutze einen feinen Pinsel, um die Fläche zu bestreichen.

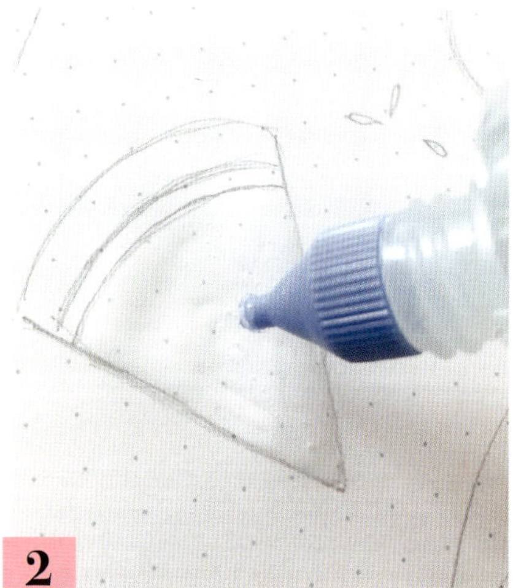

2

3

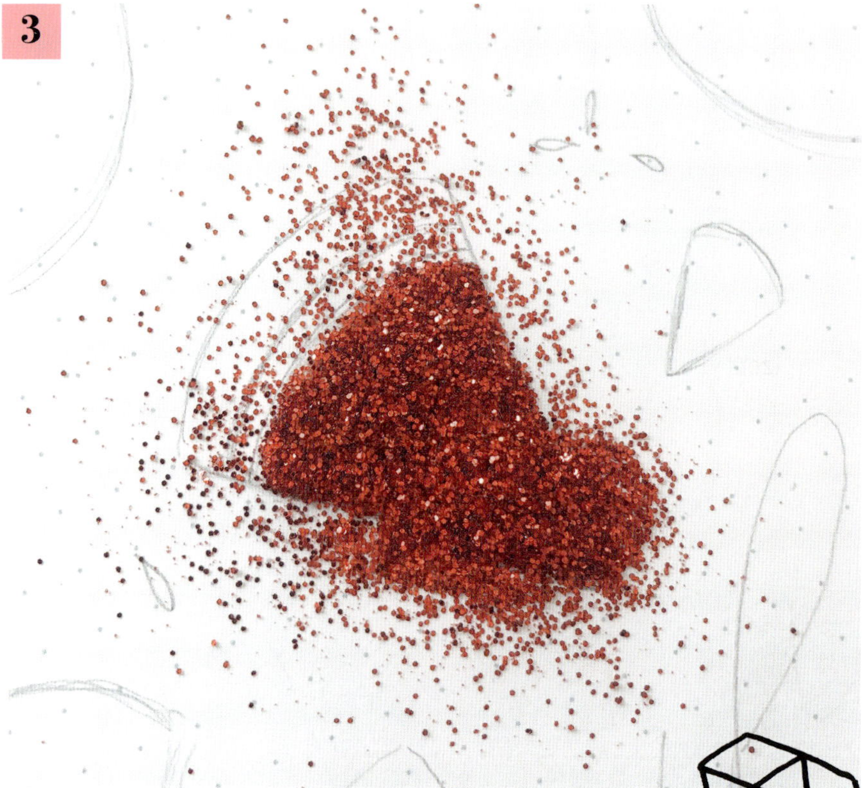

3 Streue nun großzügig rotes Glitzerpulver auf die Klebefläche und achte darauf, dass alles restlos bedeckt ist.

4 Lege ein DIN-A4-Blatt auf deinen Tisch und klopfe dein Buch darauf einmal kräftig ab. Der lose Glitzer fällt auf das Blatt und du kannst ihn weiterverwenden. Streiche nun den schmalen Rand mit Kleber ein. Wenn du dabei an den roten Innenteil kommst, ist das überhaupt kein Problem. Die Glitzerfarben können ruhig ineinander übergehen. Streue nun hellgrünen Glitzer auf die Klebefläche.

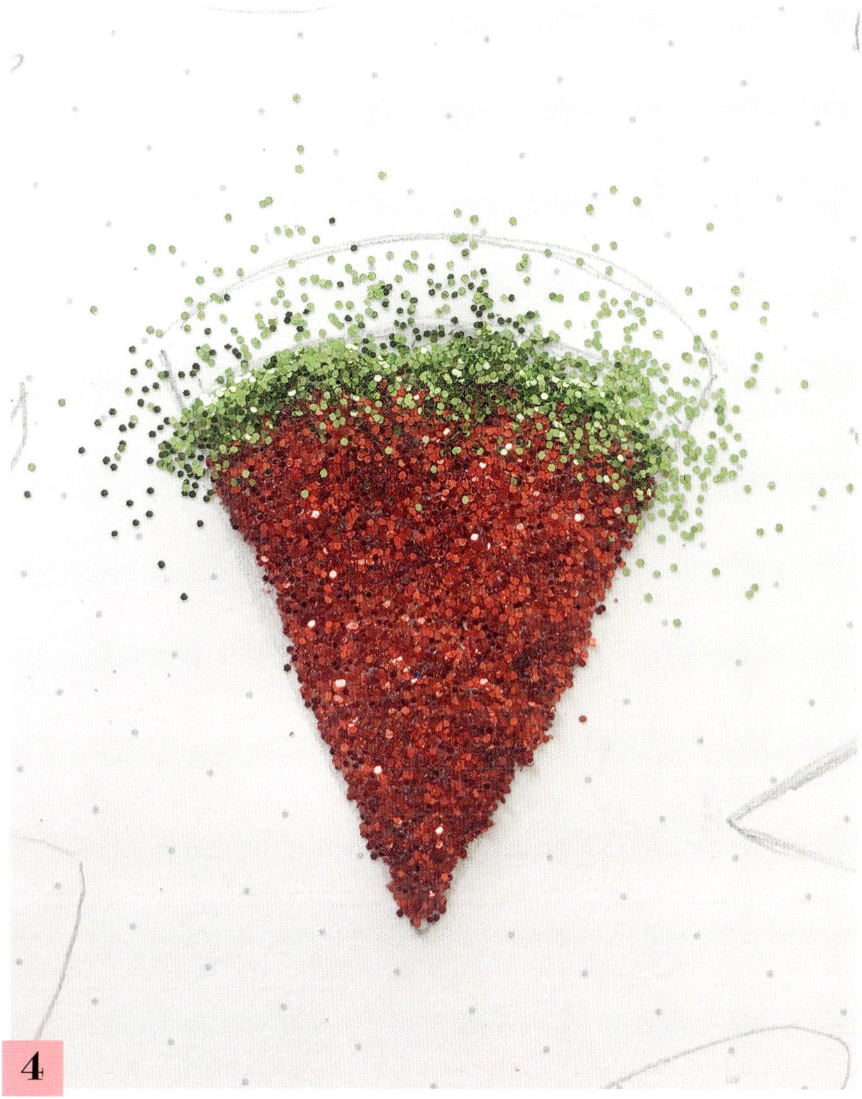

4

5 Nun fehlt noch der äußere, dunkelgrüne Rand. Verfahre genauso wie zuvor. Vergiss nicht, das überschüssige Glitzerpulver auf einem weiteren DIN-A4-Blatt abzuklopfen.

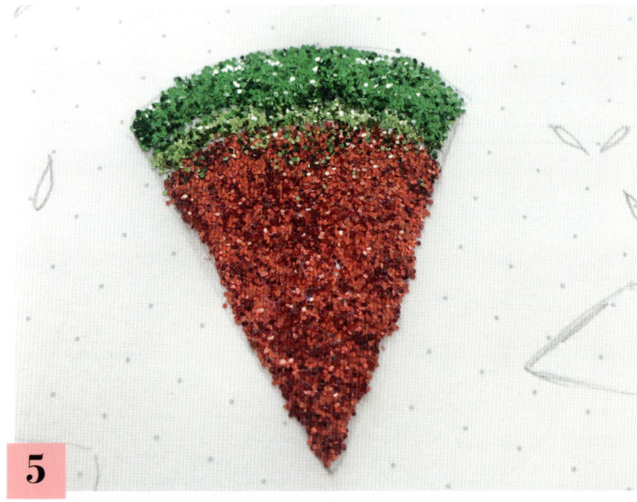

6 Solange der Kleber deines Melonenstücks noch feucht ist, kannst du an den Details arbeiten. Für die Kerne, die in keiner Melone fehlen dürfen, schiebst du den Glitzer an den passenden Stellen mit einem Zahnstocher oder einem anderen spitzen Gegenstand vorsichtig auseinander. Wenn der Kleber getrocknet ist, kannst du die entstandene weiße Fläche mit schwarzem Stift ausmalen.

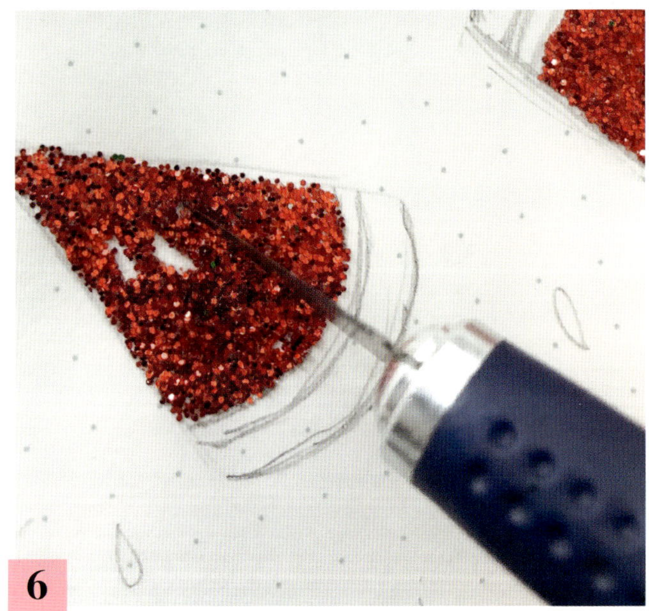

7 Verziere nun alle anderen Melonenstücke wie beschrieben mit Glitzer. Sollten jetzt noch Bleistiftränder zu sehen sein, kannst du sie vorsichtig mit deinem Radiergummi entfernen. Lasse die Seite gut trocknen, bevor du dein Buch schließt. So verhinderst du, dass die Seiten zusammenkleben

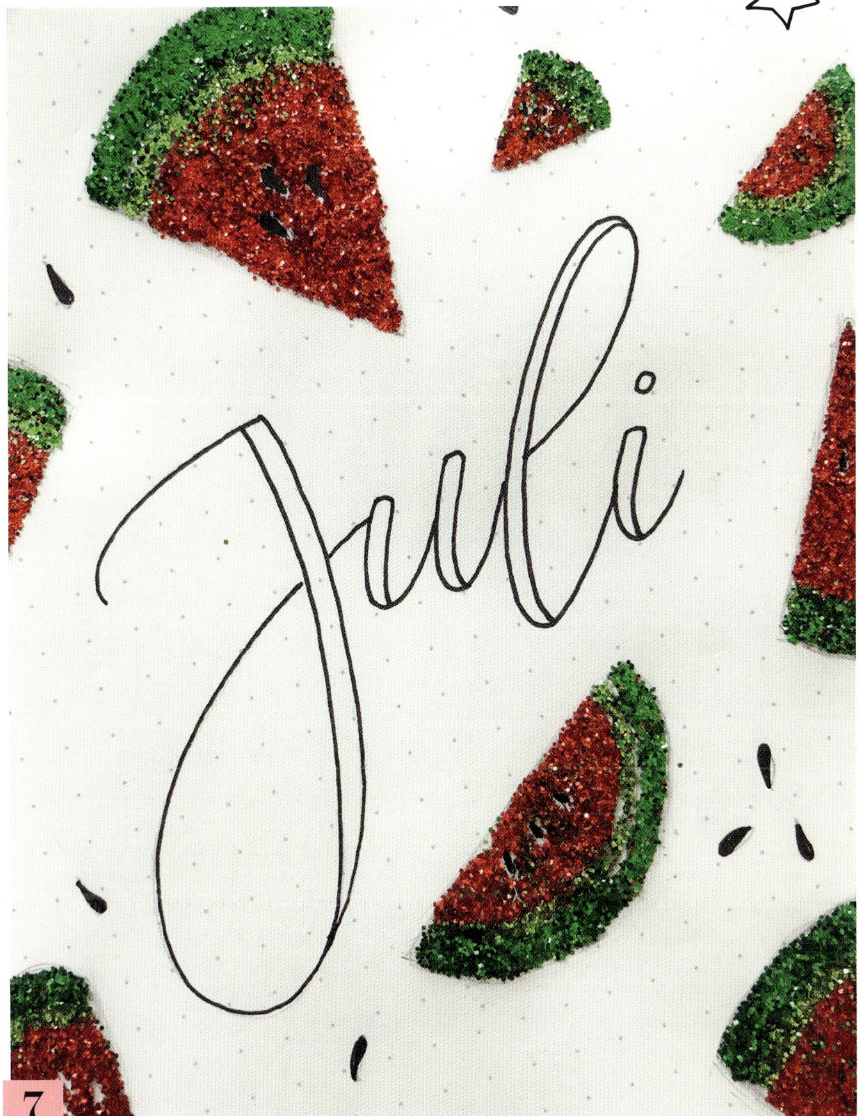

7

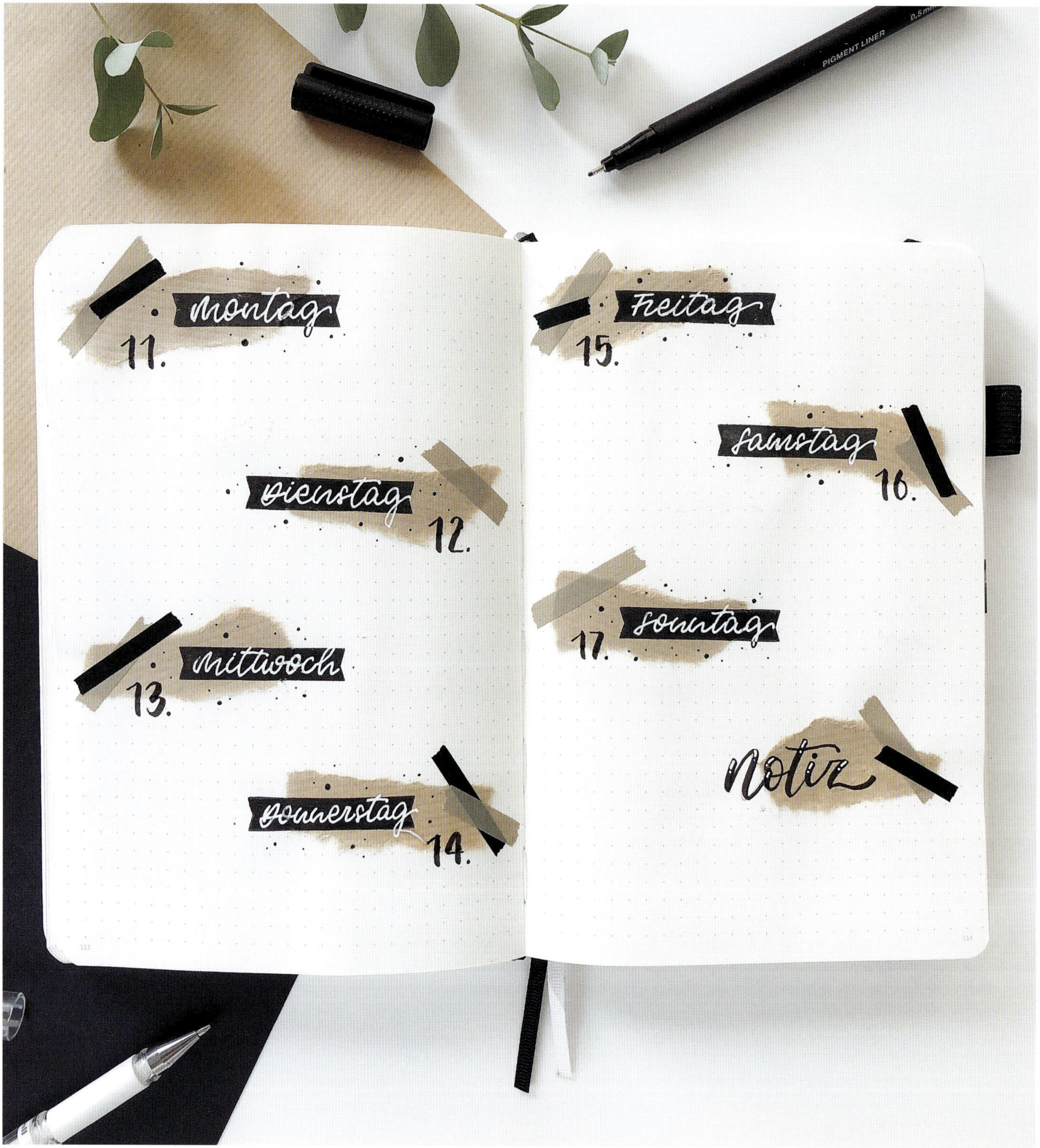
PIGMENT LINER
Montag
11.
Dienstag
12.
Mittwoch
13.
Donnerstag
14.
Freitag
15.
Samstag
16.
Sonntag
17.
Notiz

Weekly Log mit Kraftpapier

Journal besonders edel. Dazu kommt,
dass Kraftpapier auch ganz leicht zu verarbeiten ist!

Du brauchst:

- Kraftpapier (Papierstärke ca. 90 g/m^2)
- Kleber
- Washi Tape in verschiedenen Breiten, einfarbig oder mit Motiv
- Stempel mit Bannermotiv oder ähnlicher Form
- Stempelkissen mit schwarzer Pigmentfarbe, z.B. VersaMagic
- Gelstift, weiß und deckend, z.B. Signo von Uni-ball
- Wasserfester Fineliner, schwarz, z.B. Profipen von Edding

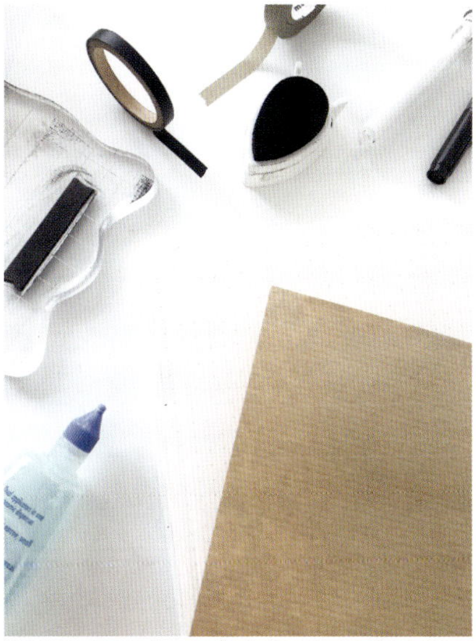

1 Reiße zuerst Streifen in deiner Wunschgröße aus dem Kraftpapier und lege sie an die Stellen, an denen später deine Wochentage stehen sollen. Achte darauf, dass sie so angeordnet sind, dass deine Eintragungen daneben oder darunter Platz haben.
Wenn du mit deiner Anordnung zufrieden bist, klebst du die Streifen nacheinander fest und lässt sie gut trocknen.

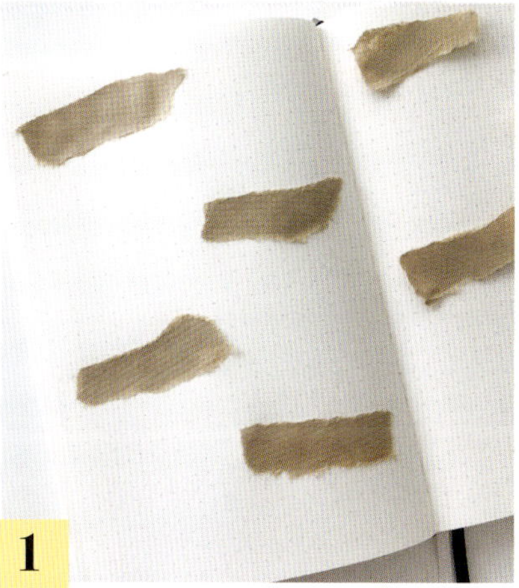

1

2 Reiße jetzt von deinem Washi Tape verschieden lange Streifen ab und verziere damit eine Ecke des Kraftpapierstücks.

3 Anschließend stempelst du den Banner auf die getrockneten Papierstreifen. Denke daran, auf dem Kraftpapier noch etwas Platz für das Datum zu lassen.

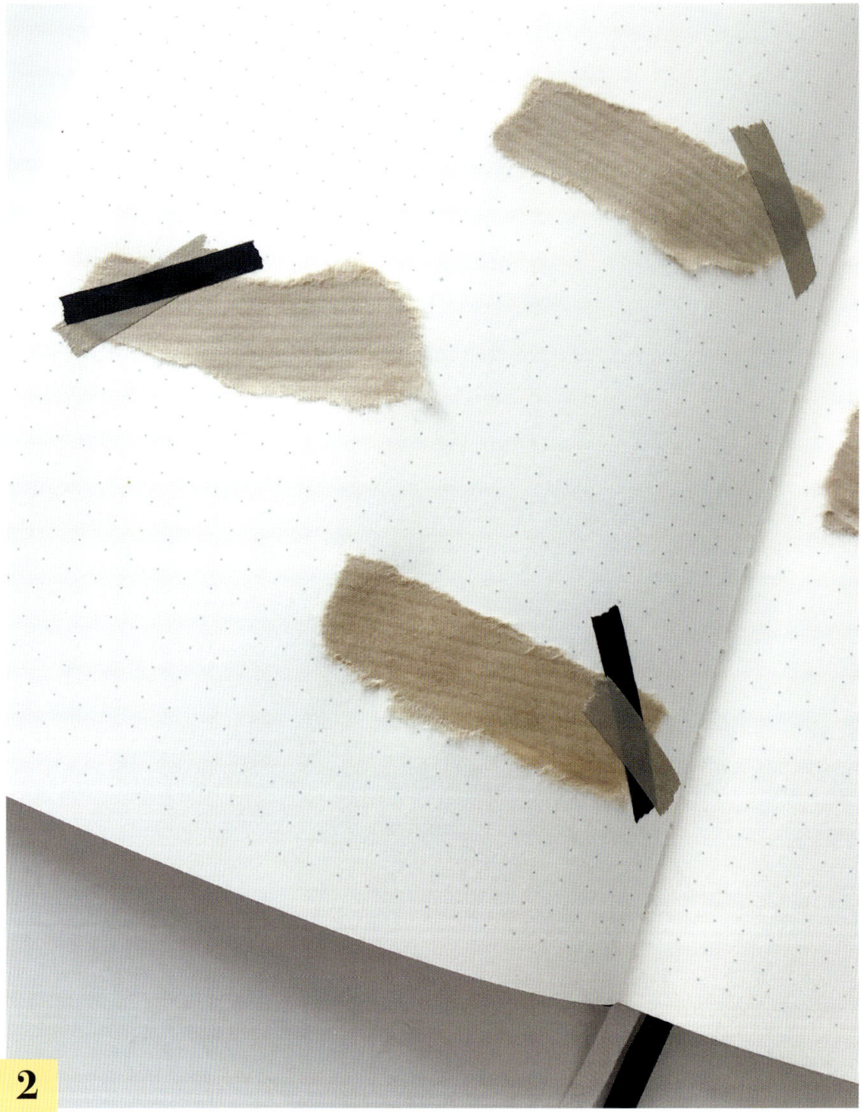

2

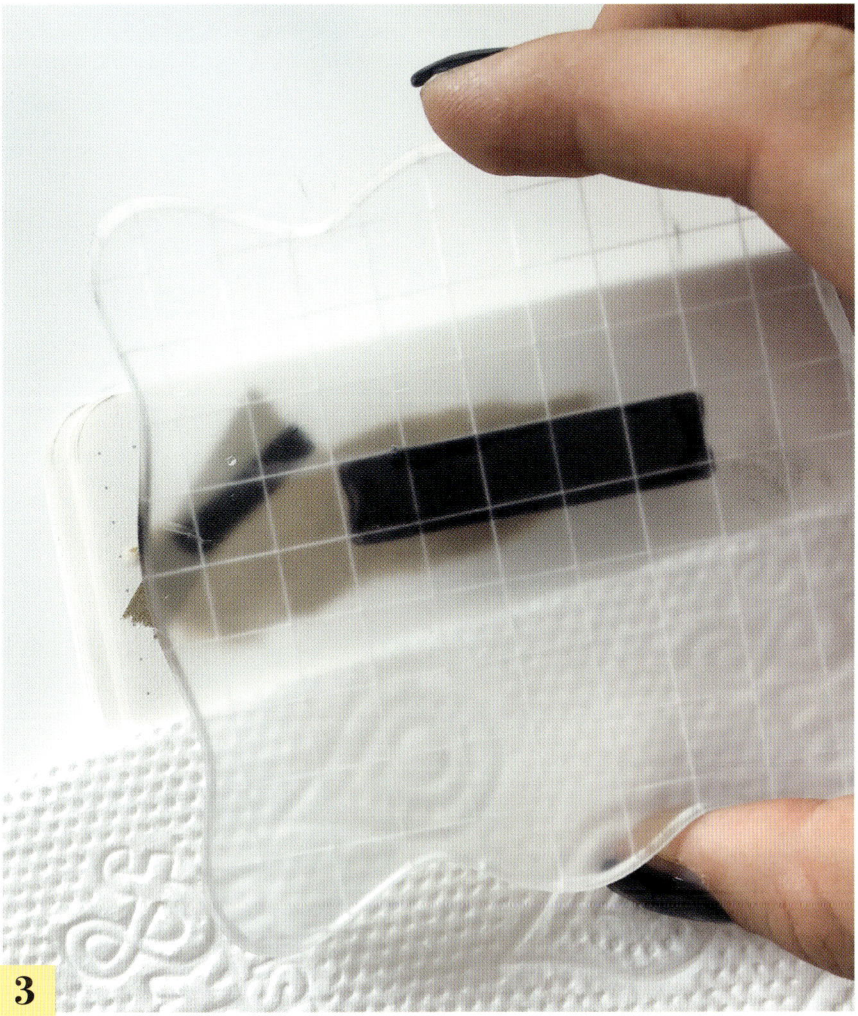

3

Tipp

Wenn du im Stempeln noch nicht so viel Übung hast, decke deine Seite um den Stempelbereich mit etwas Küchenpapier ab. So vermeidest du, dass Farbe von deinen Händen oder dem Stempelblock deine Seite verschmiert.

4 Lasse nun auch den gestempelten Banner gut trocknen. Wenn die Farbe an einigen Stellen nicht deckend ist, kannst du diese Bereiche mit einem schwarzen Stift korrigieren.

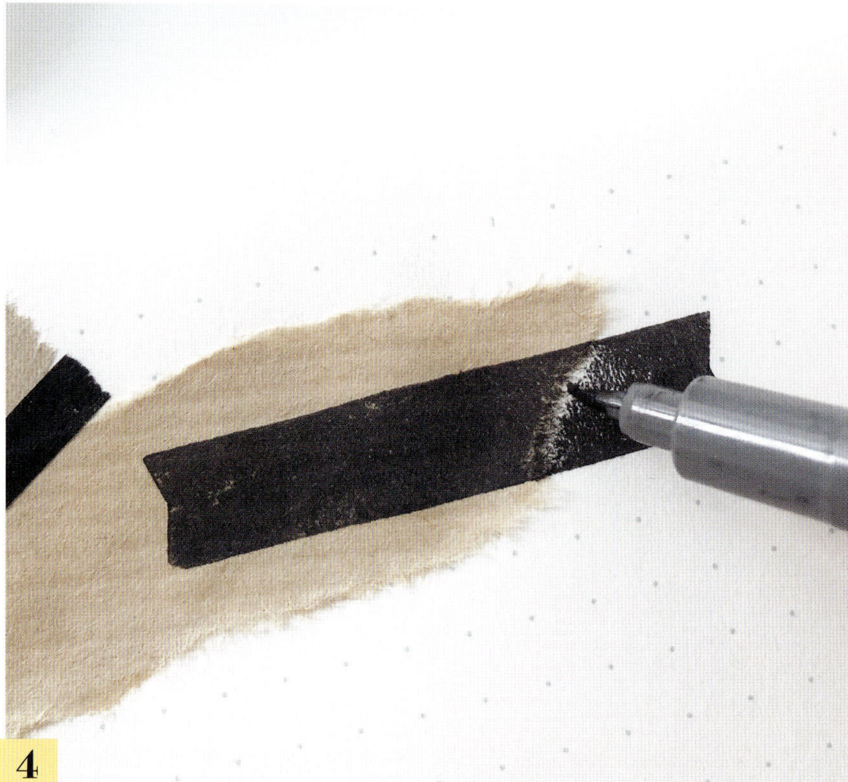

4

5 Schreibe anschließend mit dem weißen Gelstift die Wochentage auf die Banner.

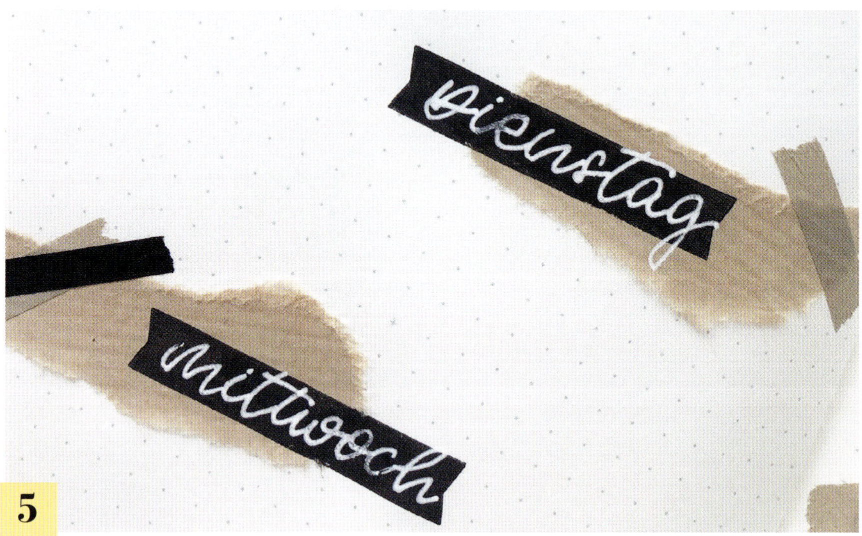

5

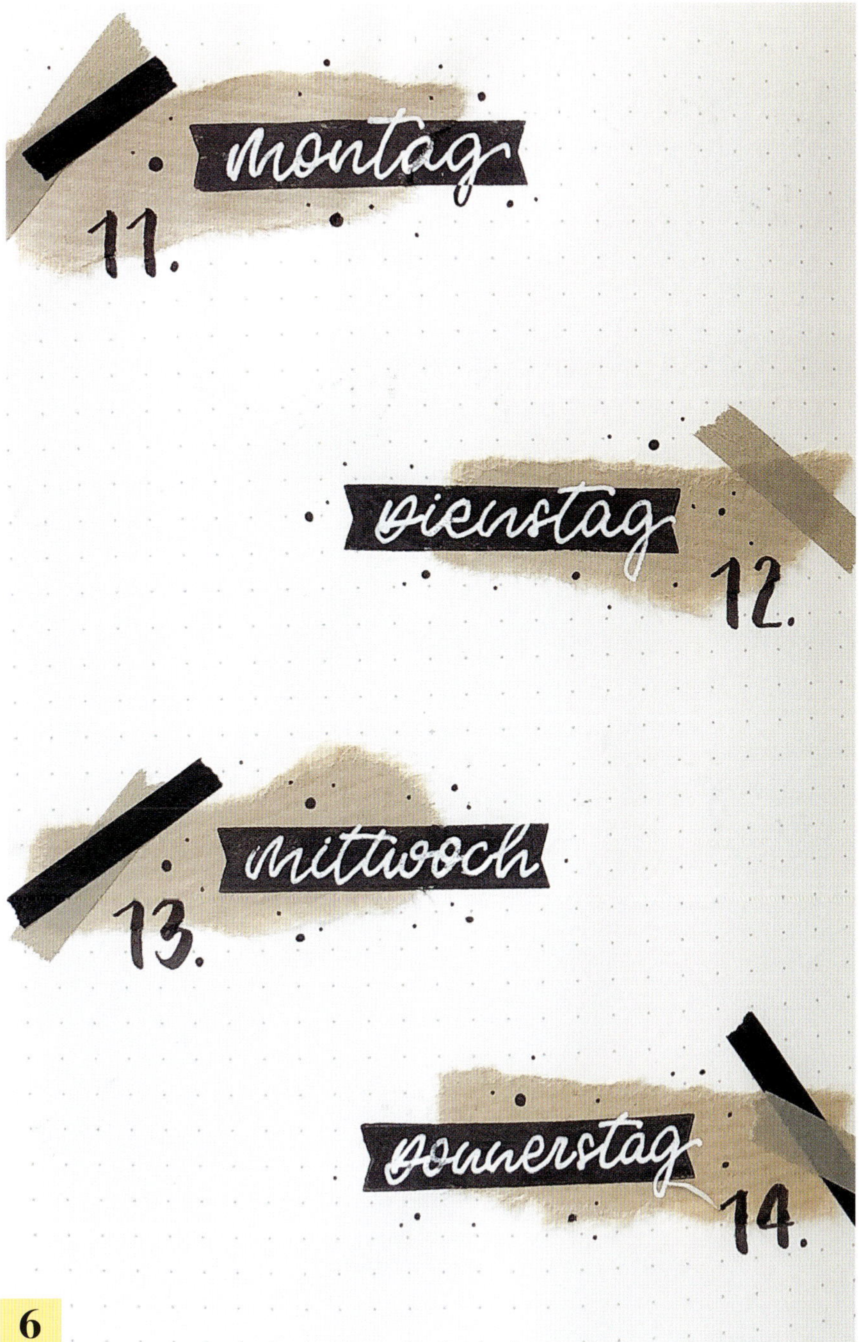

6 Ergänze zum Schluss das Datum mit einem schwarzen, wasserfesten Fineliner oder einem Brush Pen. Wenn du möchtest, kannst du noch ein paar kleine Pünktchen um den Wochentag herum setzen. Das verbindet die verschiedenen Elemente optisch miteinander.

6

Ruckzuck-Wochenübersicht

Wer es in seinem Bullet Journal farbig mag, aber keine Zeit für aufwändige Layouts hat, ist mit Washi Tape immer gut beraten. In wenigen Schritten kann damit eine hübsche Wochenübersicht entstehen.

Du brauchst:

- Schmales Washi Tape in verschiedenen Farben oder Motiven
- Brush Pen in passender Farbe
- Lineal, Bleistift und Radiergummi
- Schere oder Cuttermesser
- Farbigen Fineliner für Akzente

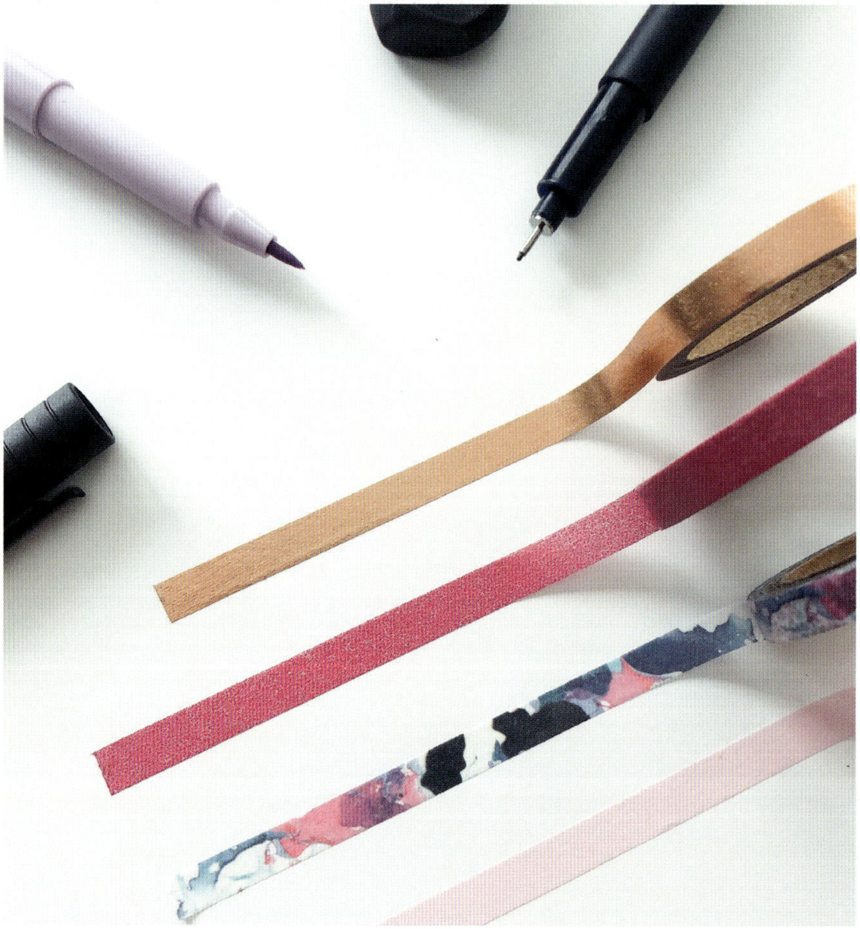

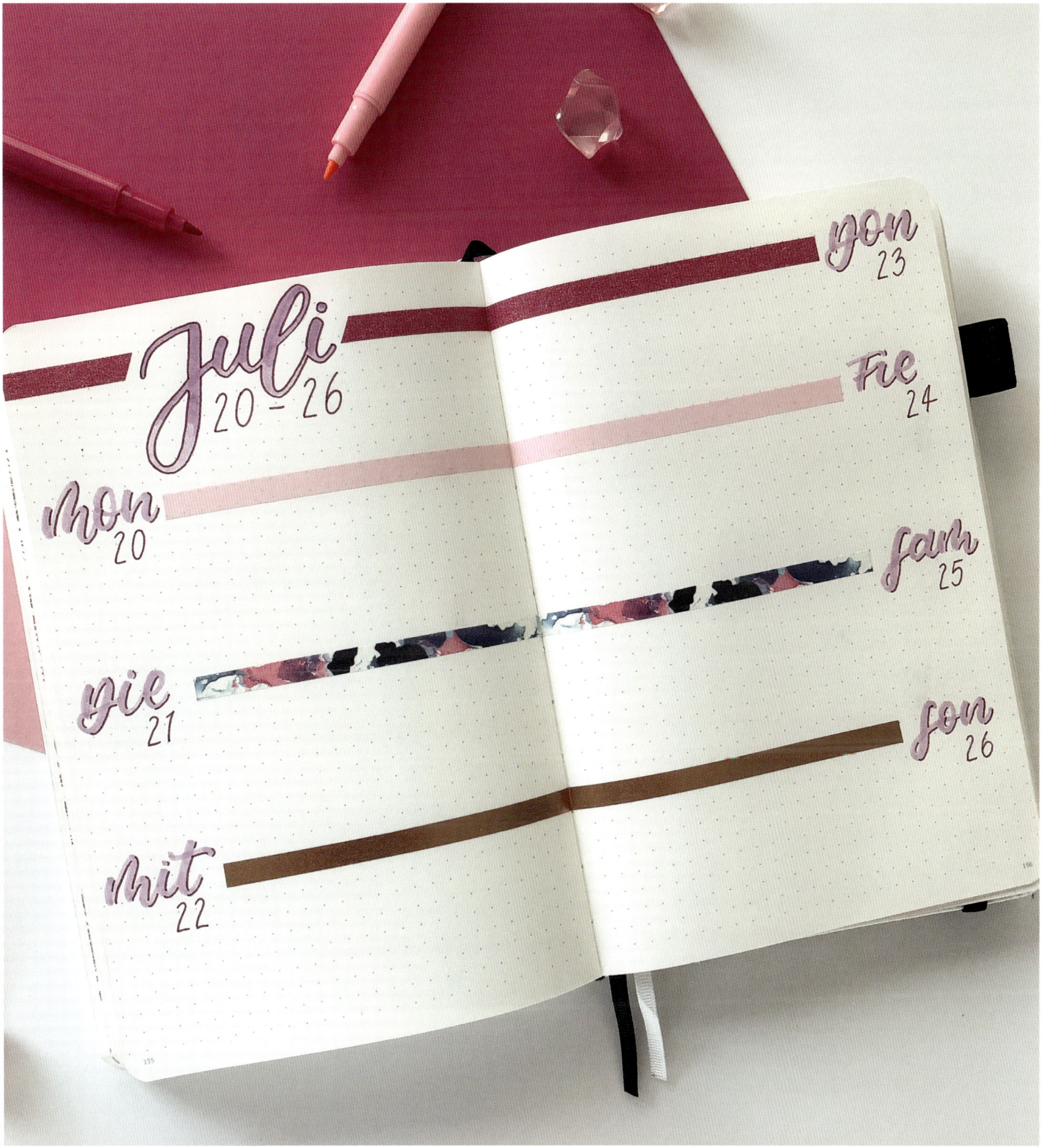
Juli
20-26
Mon
20
Die
21
Mit
22
Don
23
Fre
24
Sam
25
Son
26

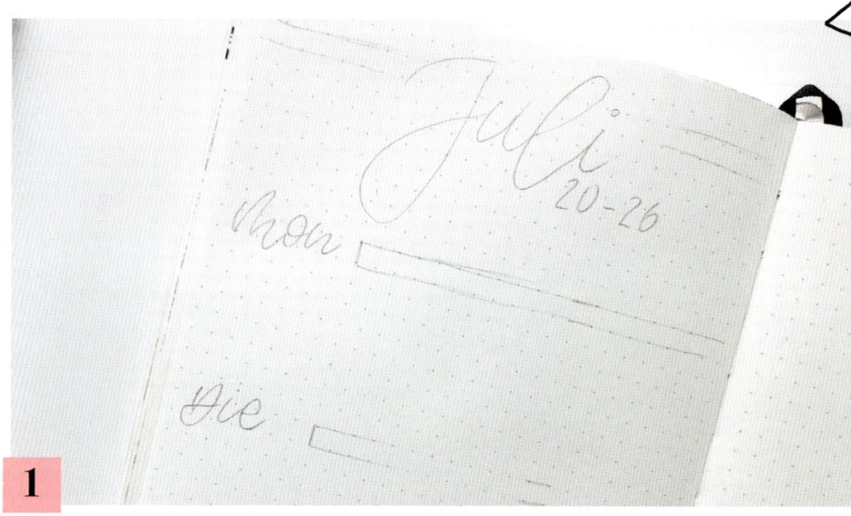

1

1 Beginne mit einer Skizze, in der du das Grundgerüst deines Layouts festlegst. Teile mit Lineal und Bleistift einen etwa 3,5 cm breiten Rand links und rechts von deiner Doppelseite ab. Auf diesem breiten Rand werden später die Wochentage stehen.

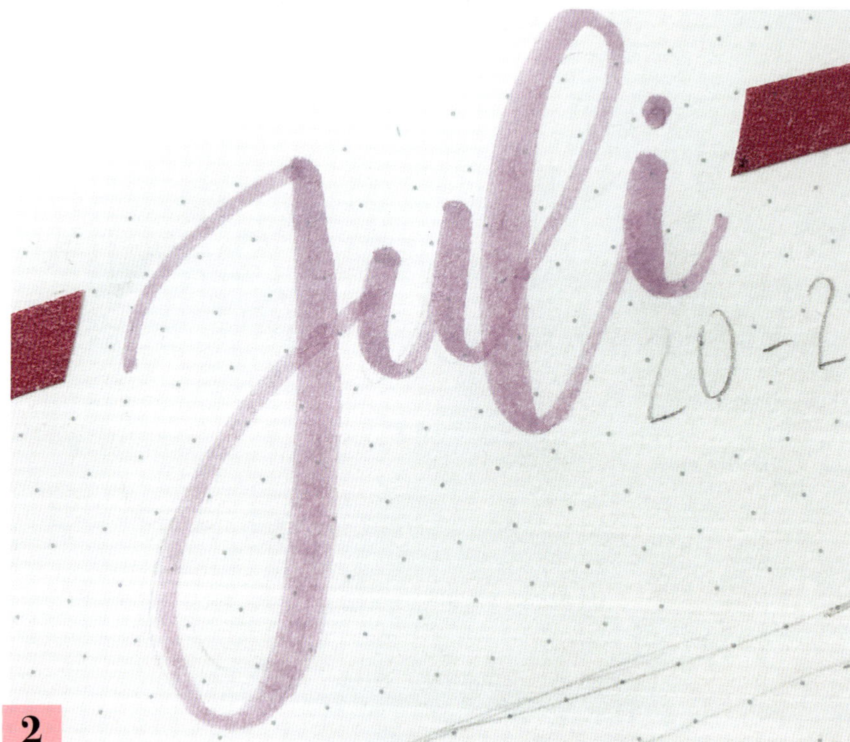

2

2 Teile nun mit waagerechten Linien deine Seiten so ein, dass insgesamt acht längliche Boxen entstehen. Da es nur sieben Wochentage gibt, wird in einer Box der Monatsname seinen Platz finden. Skizziere ihn ebenfalls mit Bleistift, bevor du ihn mit einem Brush Pen farbig nachmalst.

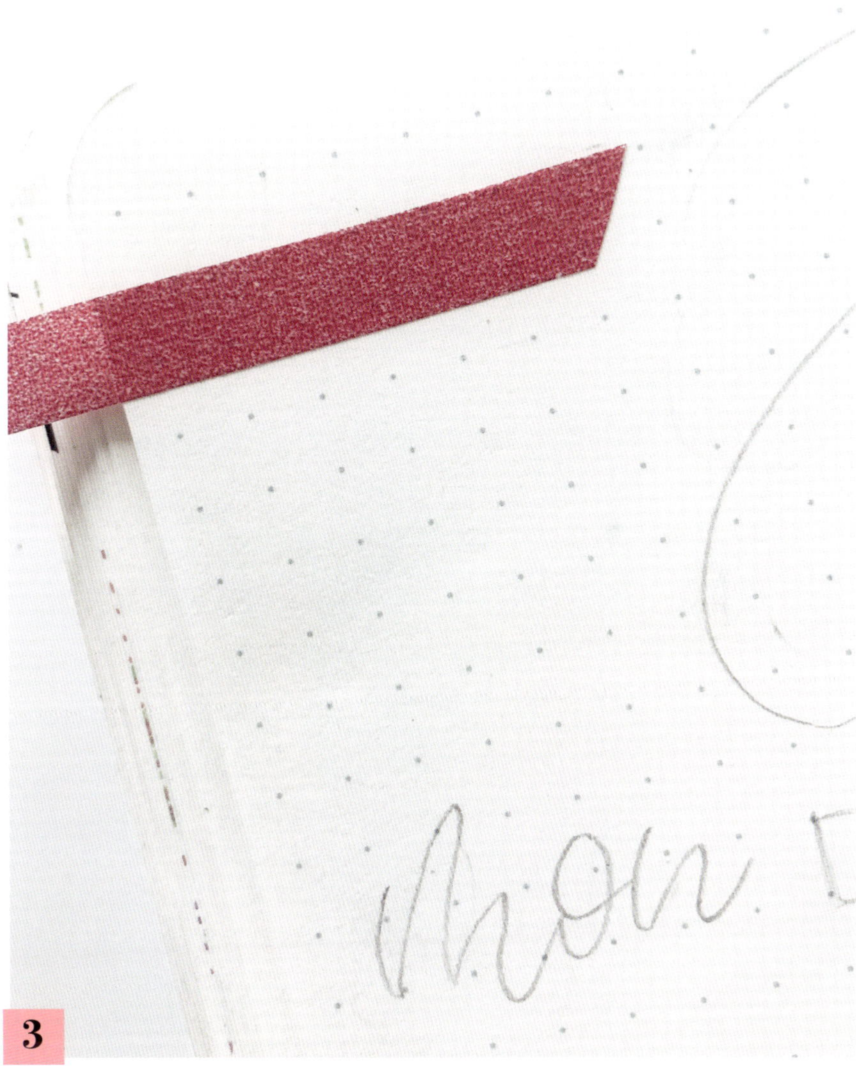

3 Orientiere dich nun an deinen waagerechten Linien und klebe dorthin dein ausgewähltes Washi Tape. Bei der Box mit dem Monatsnamen sparst du die Buchstaben entsprechend aus und setzt danach wieder mit dem Tape an.

4 Setze das Tape locker auf das Papier und streiche es zwischendurch fest. In der Buchmitte drückst du es mit dem Fingernagel bis ganz nach unten, damit kein Hohlraum entsteht. Auf der rechten Seite angekommen, schneidest du das Washi Tape bündig ab. Skizziere nun mit einem Bleistift die Wochentage und Daten vor beziehungsweise hinter den Washi-Tape-Streifen.

4

5 Koloriere die Wochentage mit dem farbigen Brush Pen. Mit einem farbigen Fineliner kannst du zusätzlich Akzente setzen. Schreibe auch die Datumsangaben mit dem Fineliner, das ergibt einen schönen Kontrast zu deinem Brush Lettering.

5

Elegante Wochenübersicht

Blumen im Bullet Journal sind immer eine gute Idee! Sehr wirkungsvoll erscheinen sie in Weiß auf einem schwarzen Hintergrund. Was auf den ersten Blick schwierig aussieht, kannst du in wenigen Schritten ganz leicht selbst machen.

Du brauchst:

- Bleistift, Radiergummi
- Lineal
- Wasserfeste Fineliner in verschiedenen Stärken, schwarz
- Gelstift, weiß

1 Begrenze mit Lineal und Bleistift den Bereich, den du gestalten möchtest. 5,5 cm links und rechts der Buchmitte bieten dir genug Platz für deine Blumen. Den Monat und die Wochenangabe kannst du in einer geometrischen Form anlegen. Setze diese Form genau mittig auf die Grenze deines Gestaltungsbereichs.

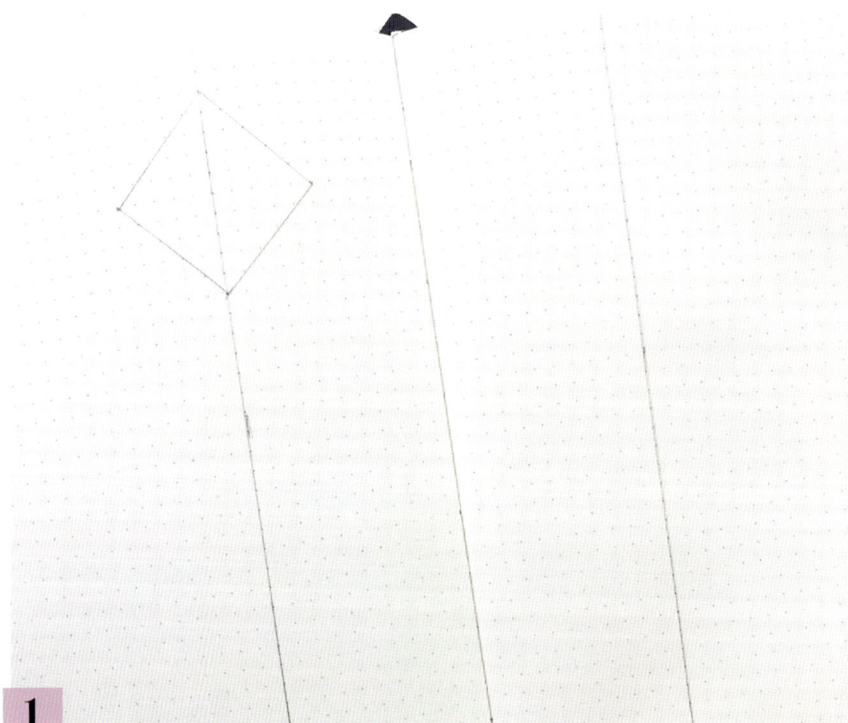

1

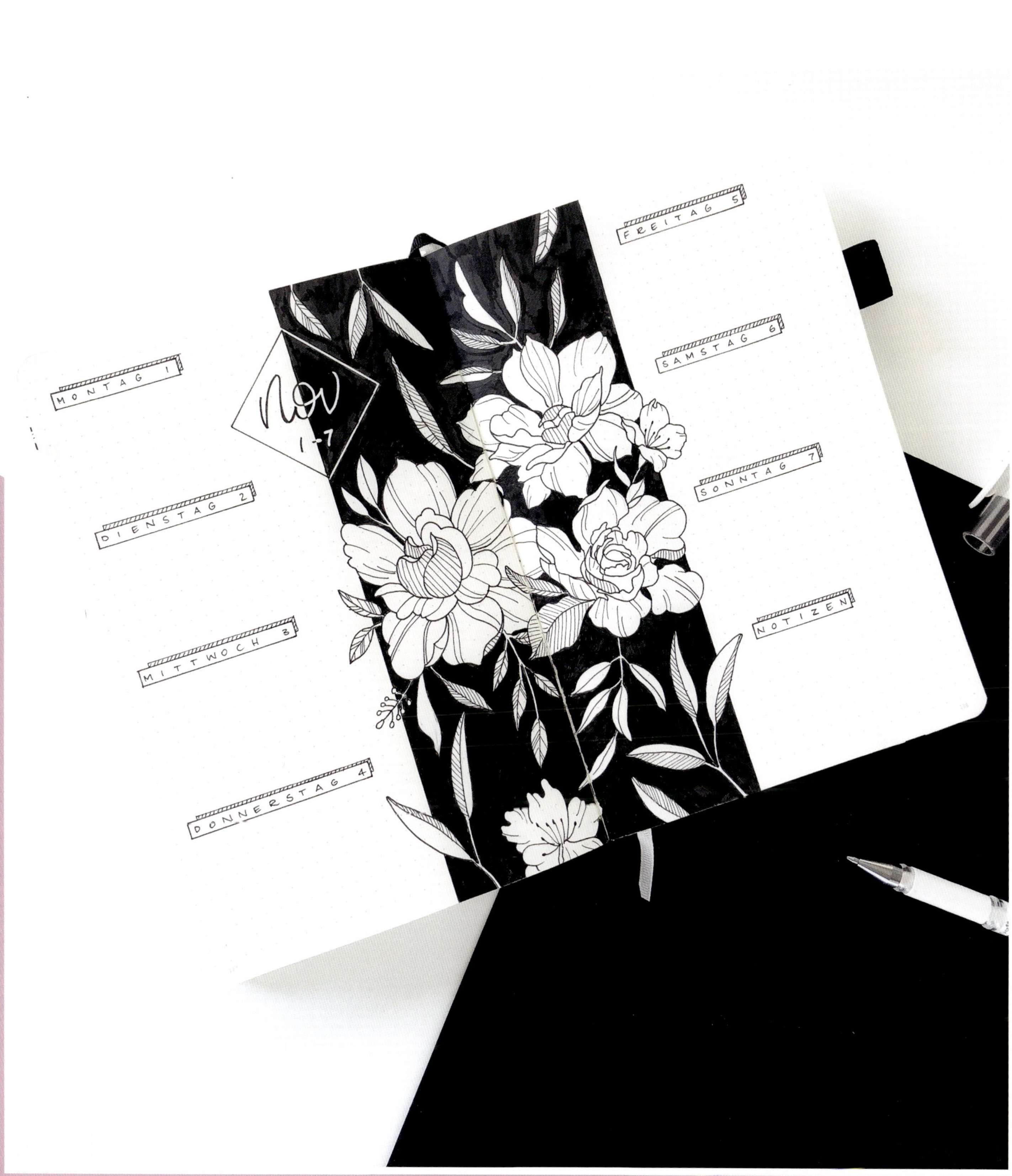
MONTAG 1
DIENSTAG 2
MITTWOCH 3
DONNERSTAG 4
Nov
1–7
FREITAG 5
SAMSTAG 6
SONNTAG 7
NOTIZEN

2 Zeichne nun deine floralen Elemente mit dem Bleistift vor. Lasse sie dabei ruhig über den Rand hinausragen, das wirkt locker und bewegt. Achte bereits beim Vorzeichnen darauf, dass die Stiele der Blumen und Blätter immer eine doppelte Linie haben müssen. Wenn du später die Zwischenräume schwarz ausmalst, muss der Bereich zwischen den Linien weiß stehenbleiben. Füge so viele Blätter und kleinere Blüten hinzu, dass die Zwischenräume, die später schwarz werden, nicht allzu groß sind. Zum einen ersparst du dir auf diese Weise viel Arbeit beim Ausmalen, zum anderen wirkt der schwarze Hintergrund dann nicht so dominant und die Blumen kommen besser zur Geltung.

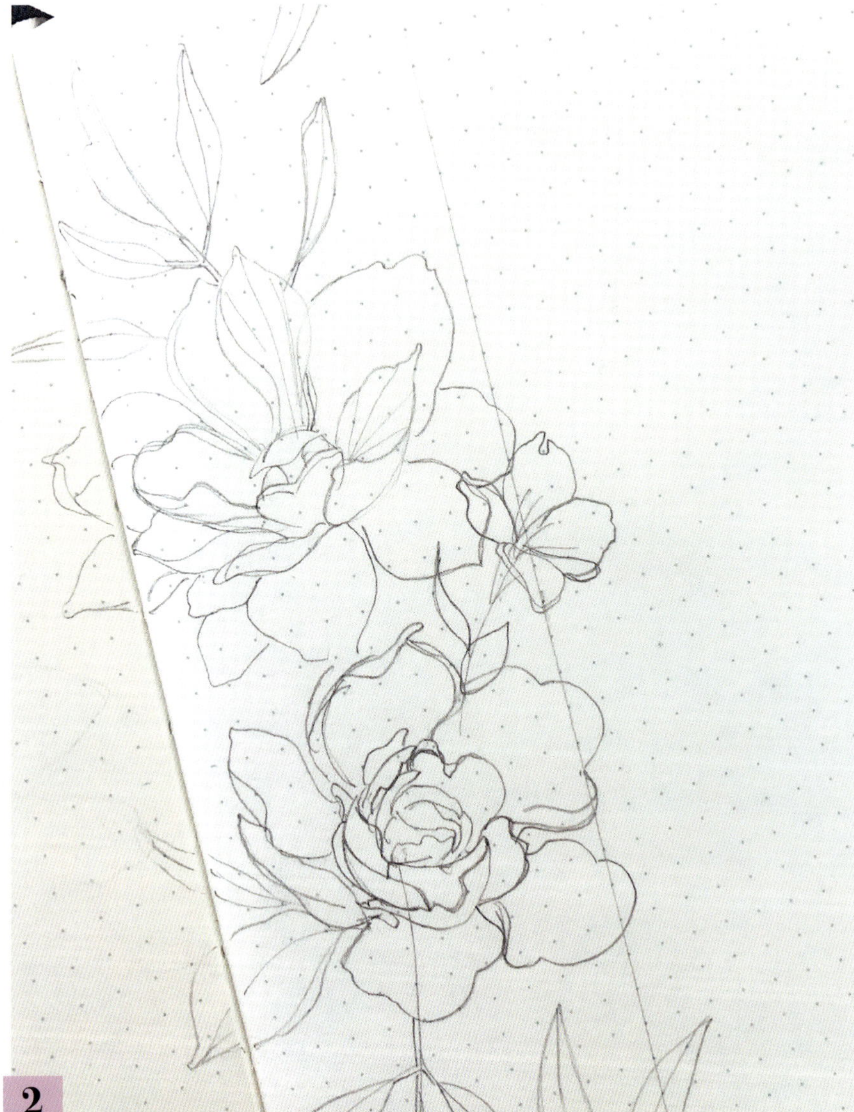

2

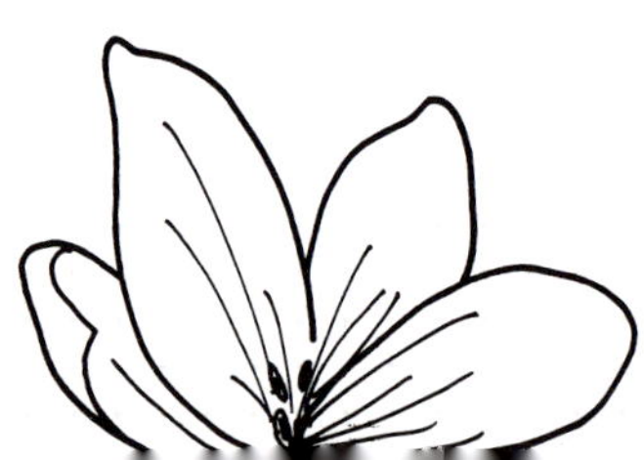

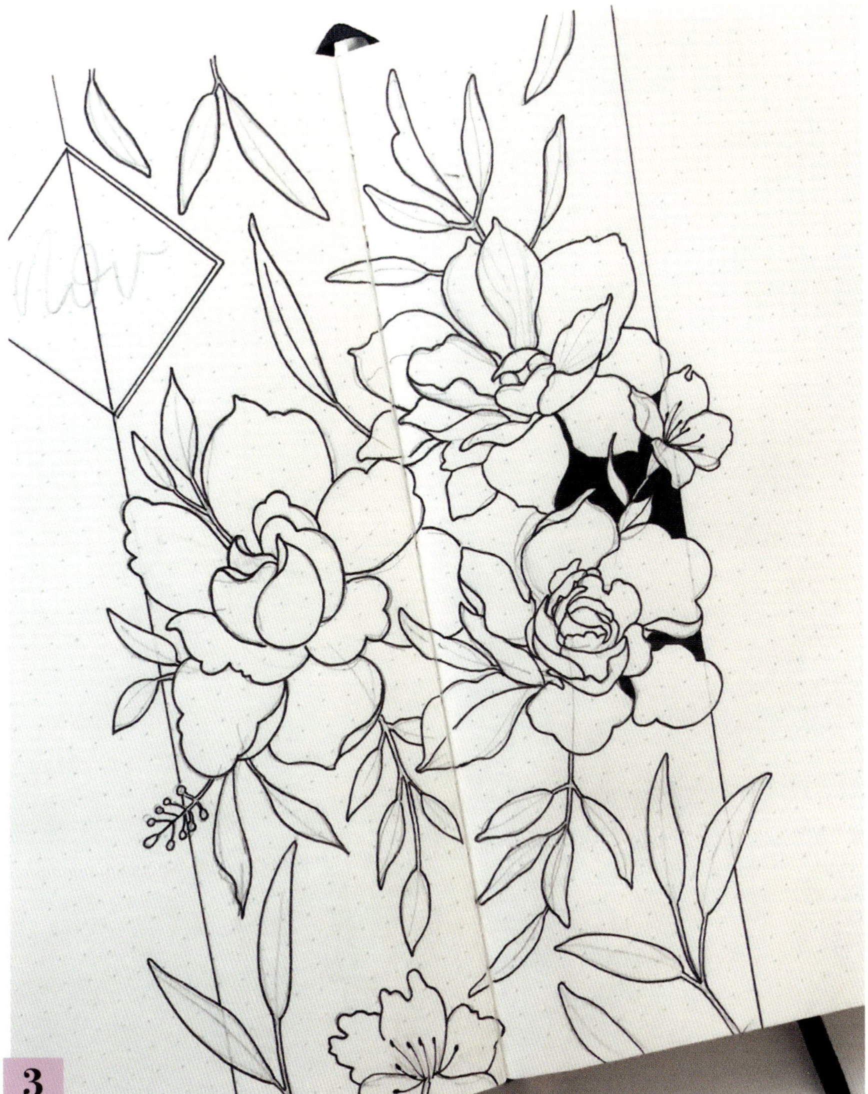

3

3 Ziehe nun alle äußeren Linien deiner Blätter und Blüten mit einem dünnen, wasserfester Fineliner nach. Fülle anschließend alle entstandenen Zwischenräume mit einem dickeren Fineliner in Schwarz aus. Zeichne sowohl die Linien, die deinen schwarz-weißen Bereich begrenzen, als auch die Details innerhalb deiner Blüten ebenfalls mit schwarzem Stift nach.

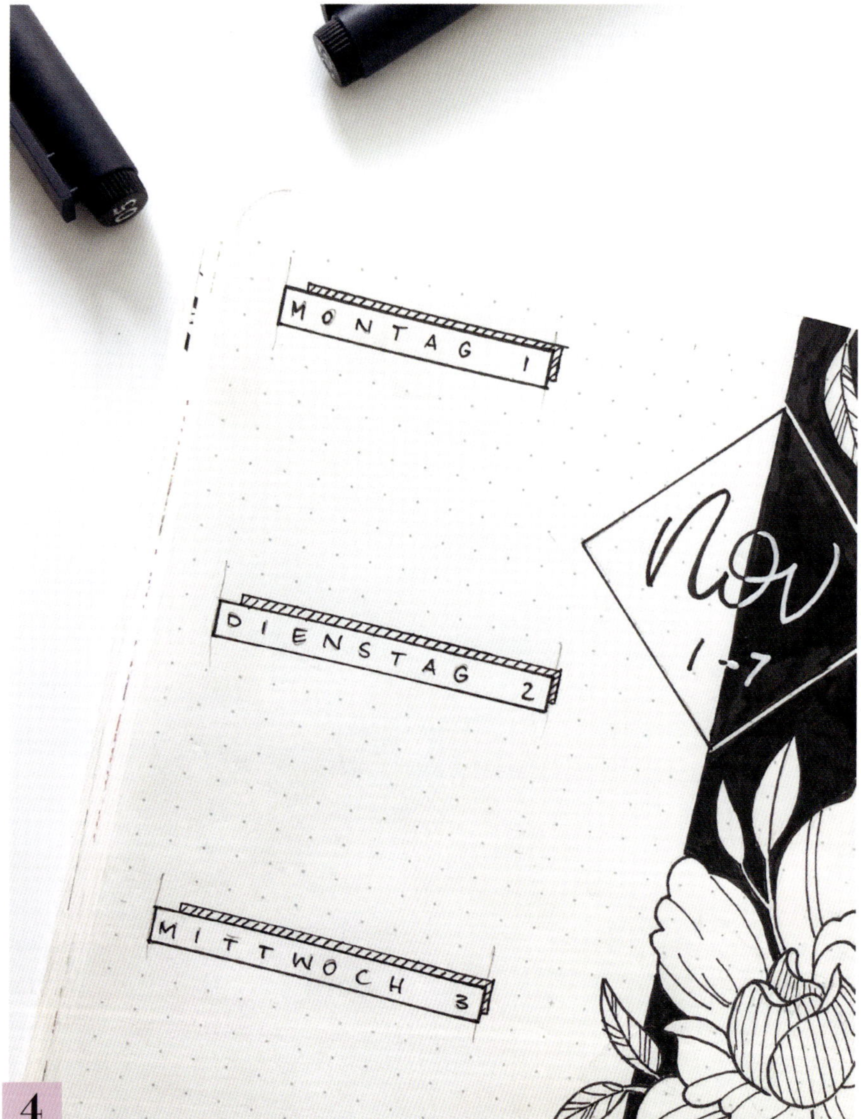

4

4 Zu guter Letzt schreibst du den Monat in die geometrische Form. Verwende für die eine Hälfte einen schwarzen Stift, für die andere Hälfte den weißen Gelstift. Wenn deine Gestaltung fertig ist, legst du die Wochentage an. Markiere den Anfang der schmalen Boxen mit einer Bleistiftlinie. Beginne im ersten Kästchen nach der Linie mit dem Anfangsbuchstaben, den du mittig hineinsetzt. Pro Buchstabe kannst du ein Kästchen nutzen. Lasse etwas Platz und schreibe die entsprechende Zahl des Datums dahinter. Erst danach wird die schmale Box durch eine Linie geschlossen. Dann malst du sie mit einem dünnen schwarzen Stift nach.

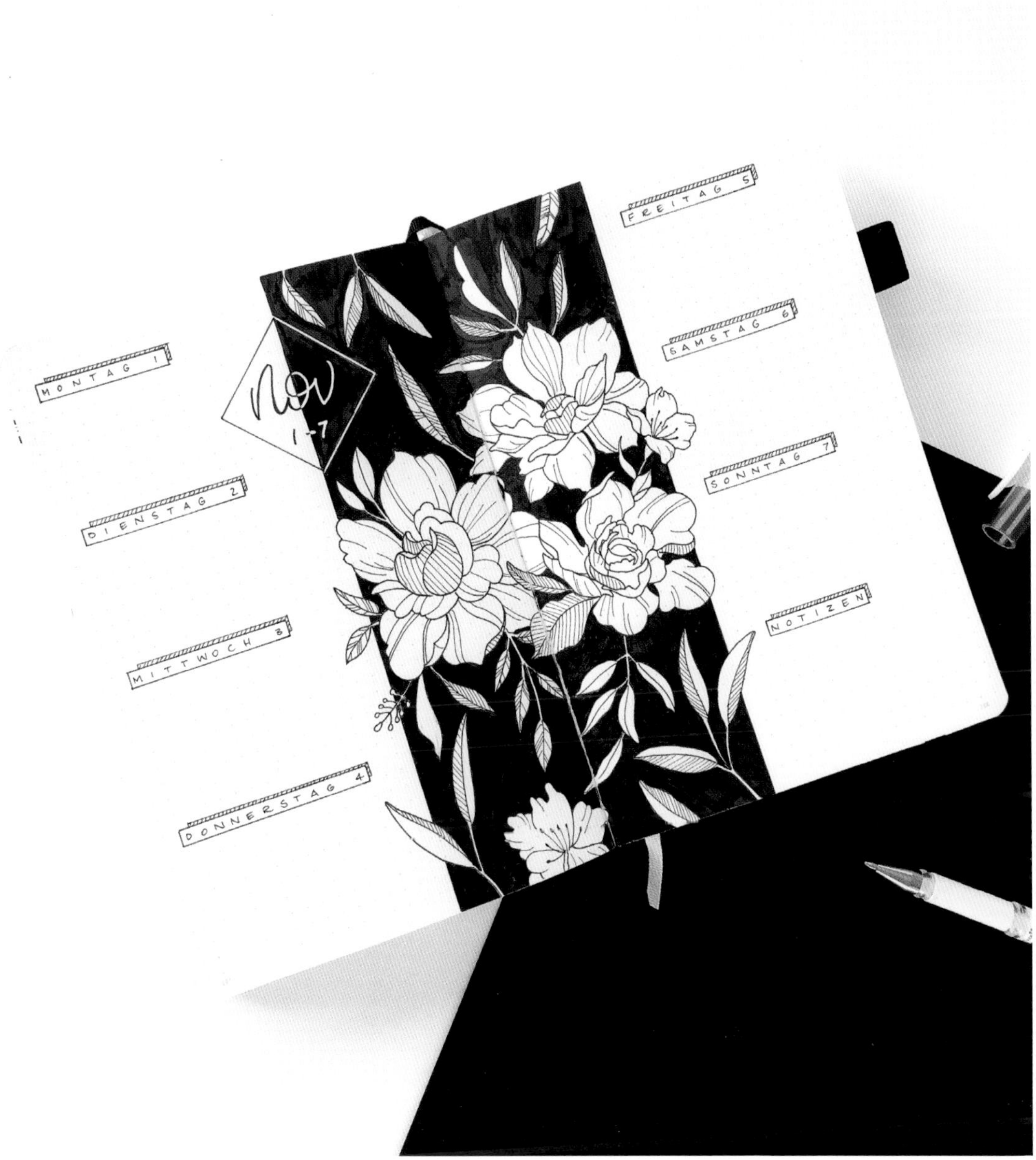
nov
1-7
MONTAG 1
DIENSTAG 2
MITTWOCH 3
DONNERSTAG 4
FREITAG 5
SAMSTAG 6
SONNTAG 7
NOTIZEN

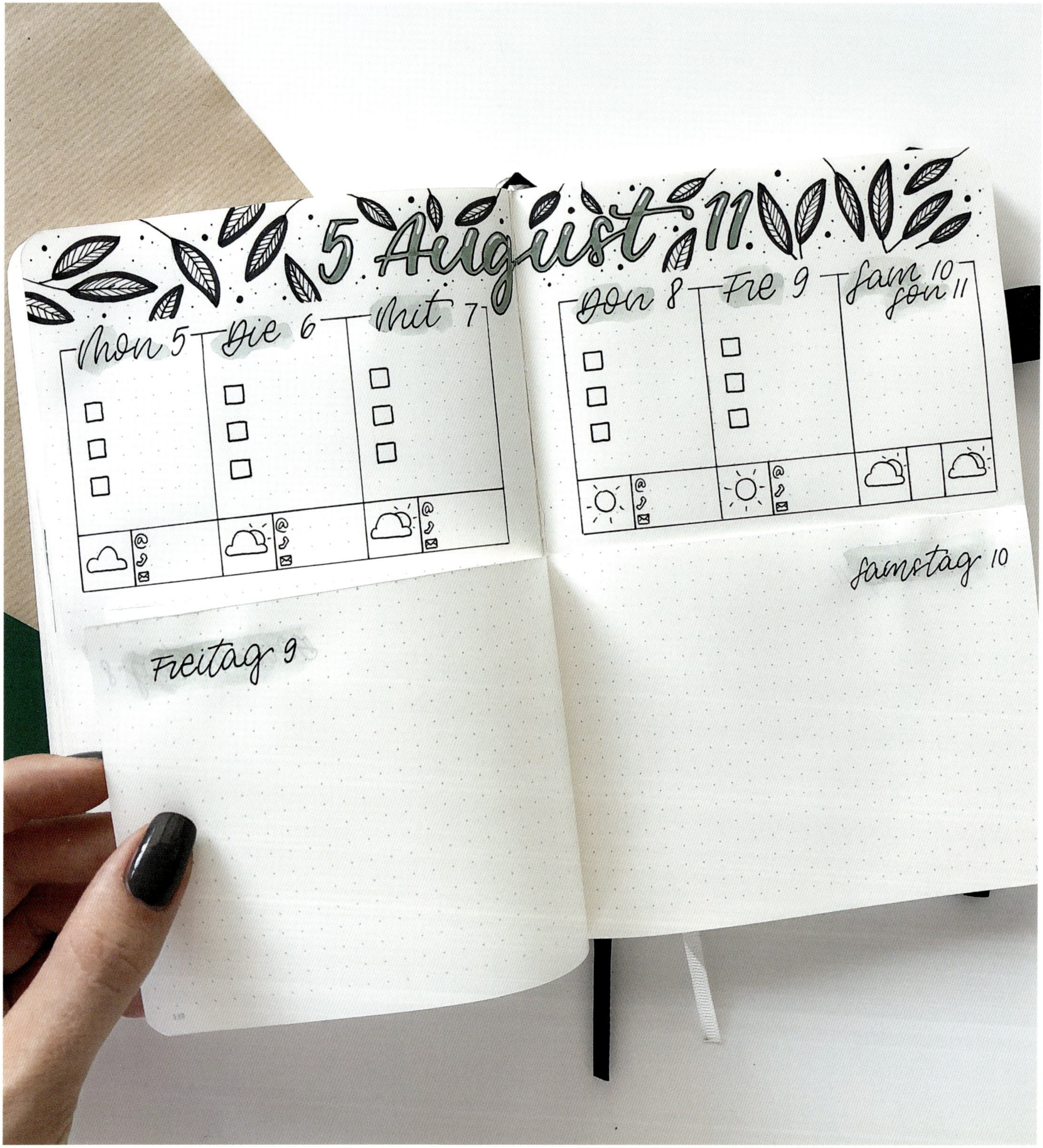
5 August 11
Mon 5
Die 6
Mit 7
Don 8
Fre 9
Sam 10
Son 11
Freitag 9
Samstag 10

Dutch Door Weekly

Bestimmt hast du sie schon einmal gesehen: die niederländischen Türen, deren oberer und unterer Teil sich getrennt voneinander öffnen lassen. Für eine Wochenübersicht in deinem Bullet Journal bietet diese Idee tolle Möglichkeiten. Wichtige Punkte deiner Woche bleiben sichtbar, auch wenn du umblätterst. So hast du viel Platz für tägliche Eintragungen und deine Termine dabei trotzdem immer im Blick.

Du brauchst:

- Bleistift
- Lineal, Radiergummi
- Cuttermesser
- Feste Schneideunterlage, z.B. eine dicke Pappe
- Wasserfesten Fineliner, schwarz
- Washi Tape, Sticker oder Motivpapier zum Dekorieren
- Brush Pen oder andere Farbstifte

1 Lege zuerst fest, wie hoch deine Dutch Door sein soll. Zeichne mit Bleistift eine Linie über die gesamte Doppelseite, die den oberen vom unteren Teil trennt. Zeichne nun auf die linke Seite das Grundgerüst deines Wochenlayouts. Lasse dabei oben genug Platz für die Überschrift. Ob du sechs Wochentags-Boxen mit einer geteilten Box für das Wochenende oder sieben Boxen anlegst, bleibt dir überlassen. In diesen Boxen notierst du später deine festen Termine für die Woche.

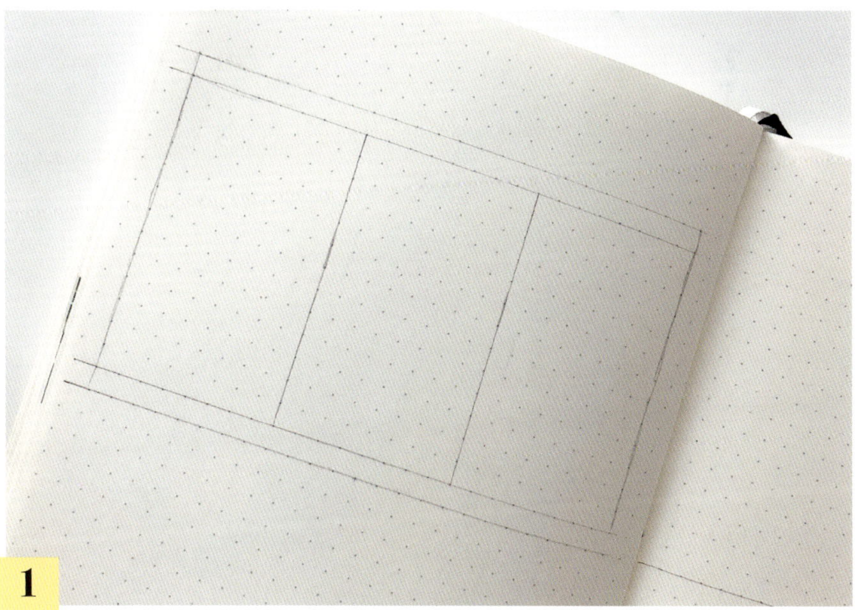

1

2 Jetzt legst du deine Schneideunterlage unter den rechten Teil der Doppelseite und schneidest mit dem Cuttermesser vorsichtig entlang der Bleistiftlinie. Nimm ein Lineal zu Hilfe, damit die Schnittkante gerade wird. Schneide auf diese Weise drei Seiten durch.

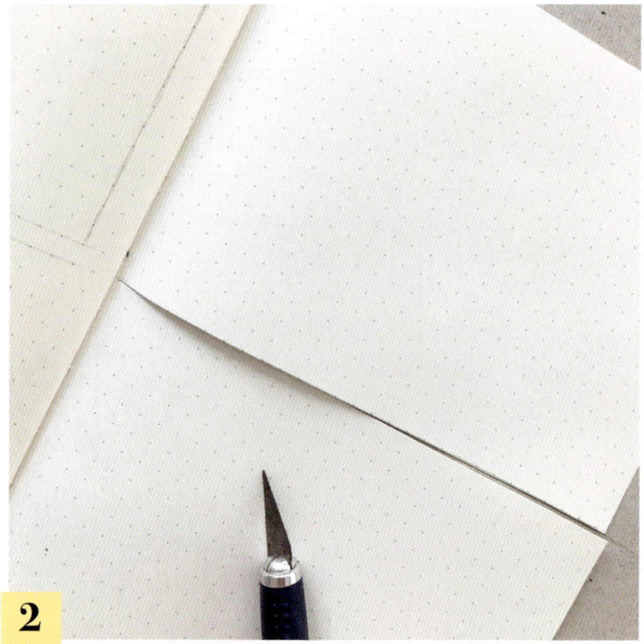

2

Tipp

Du kannst auch drei Seiten auf einmal durchschneiden. Hierfür musst du lediglich mit dem Cuttermesser fester aufdrücken. Achte darauf, ganz langsam und vorsichtig zu schneiden, damit du dich nicht verletzt und eine gerade Schnittkante entsteht.

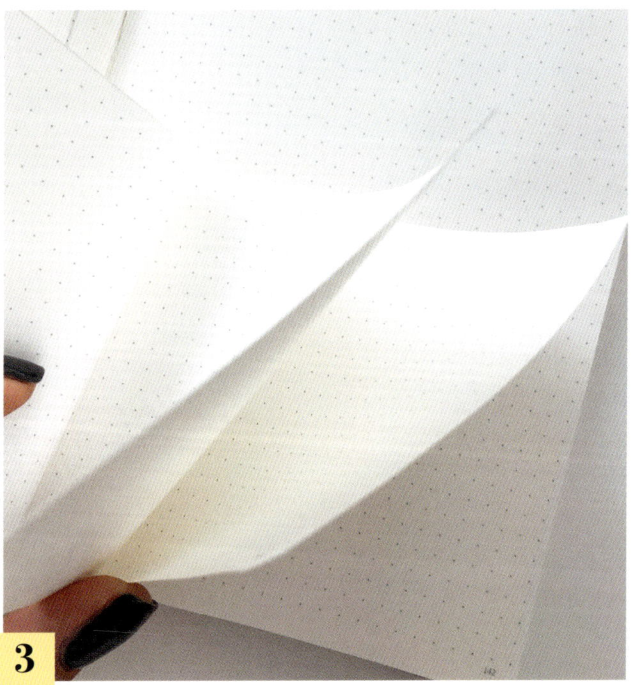

3

3 Hast du insgesamt drei Seiten auf diese Art geschnitten, folgt der nächste Schritt: Du entfernst vorsichtig den oberen Teil der Seite. Achte dabei unbedingt darauf, das Cuttermesser nicht genau in der Buchmitte anzusetzen. Lasse lieber ein paar wenige Millimeter rechts von der Buchmitte aus stehen, denn sonst besteht die Gefahr, dass sich auch andere Seiten in deinem Buch lösen.

4 Auf die drei halben Seiten in deinem Buch folgt nun wieder eine ganze Seite. Zeichne dort in den oberen Bereich entsprechend der linken Seite die restlichen Boxen für dein Wochenlayout. Auf die unten entstandenen „Türen" schreibst du, wie immer zunächst mit Bleistift, fortlaufend die Wochentage. Der Montag befindet sich dabei auf der linken Seite. Den Platz, der unten auf der letzten Seite entstanden ist, kannst du beispielsweise für Notizen nutzen.

4

5 Zeichne nun mit Bleistift die Überschrift, also den Monatsnamen, vor. In die einzelnen Boxen schreibst du die Anfangsbuchstaben der Wochentage samt Datumsangabe.
Bist du mit deinem Layout zufrieden, ziehst du alle Bleistiftlinien mit einem schwarzen, wasserfester Fineliner nach. Für die Überschrift kannst du einen Brush Pen in der Farbe deiner Wahl verwenden. Die Wochentage kannst du zum Beispiel mit der Watercolor-Brush-Pen-Technik (siehe ab Seite 32) hinterlegen. Wenn du magst, kannst du den Platz um die Überschrift noch mit Blattmotiven und kleinen Punkten verzieren.

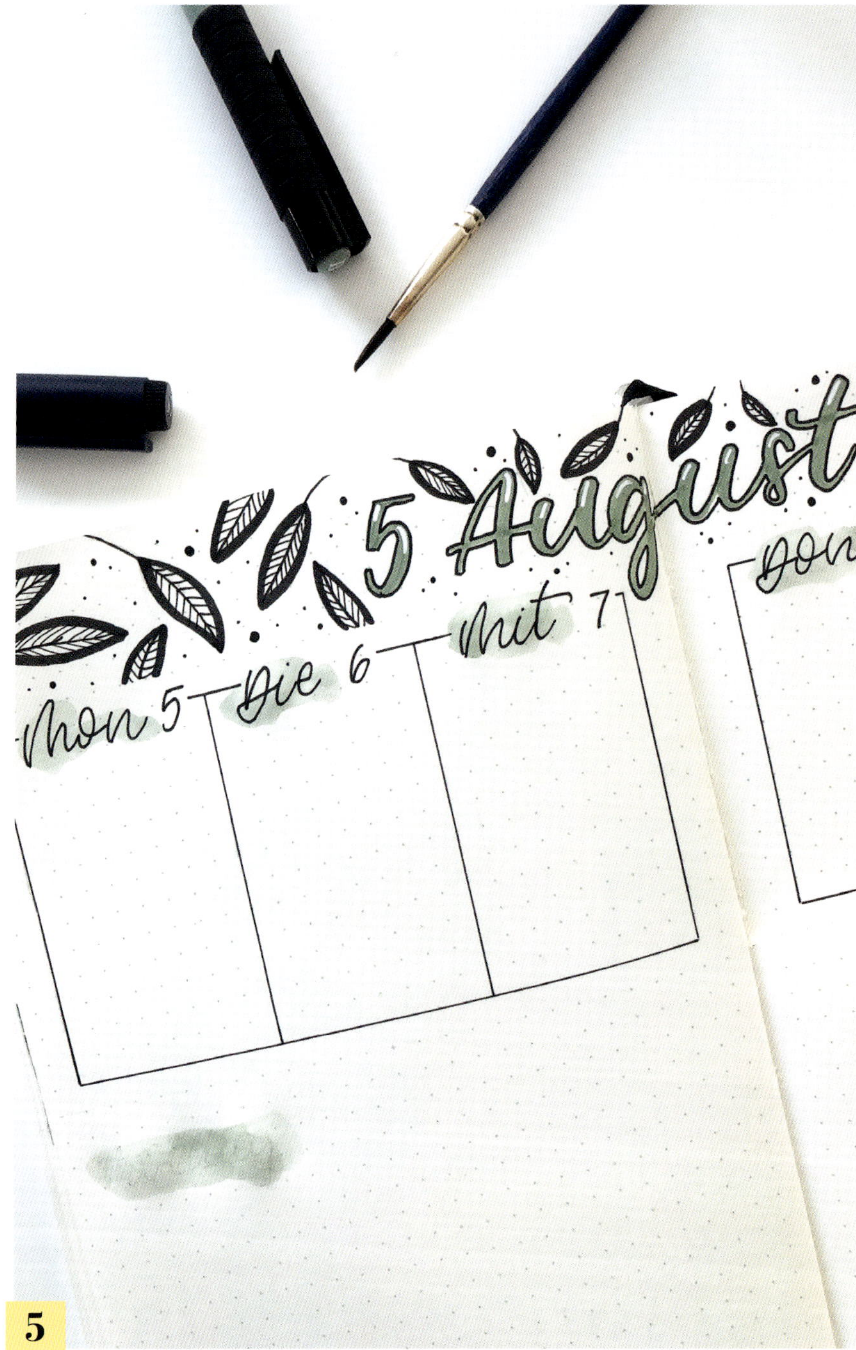

5

6 Arbeite nun deine Wochentags-Boxen noch weiter aus. Kleine Kästchen und besonders Symbole erleichtern den Überblick und sehen immer hübsch aus.

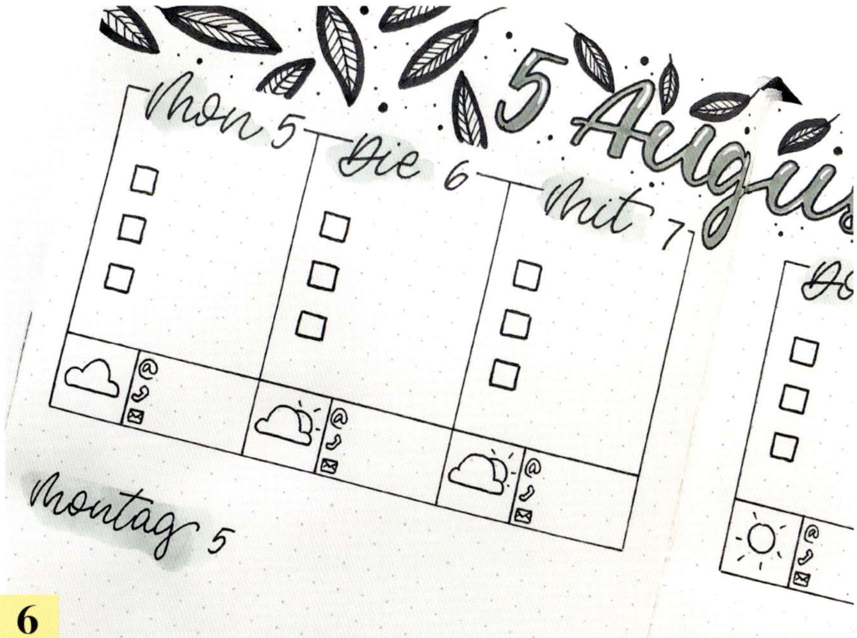

6

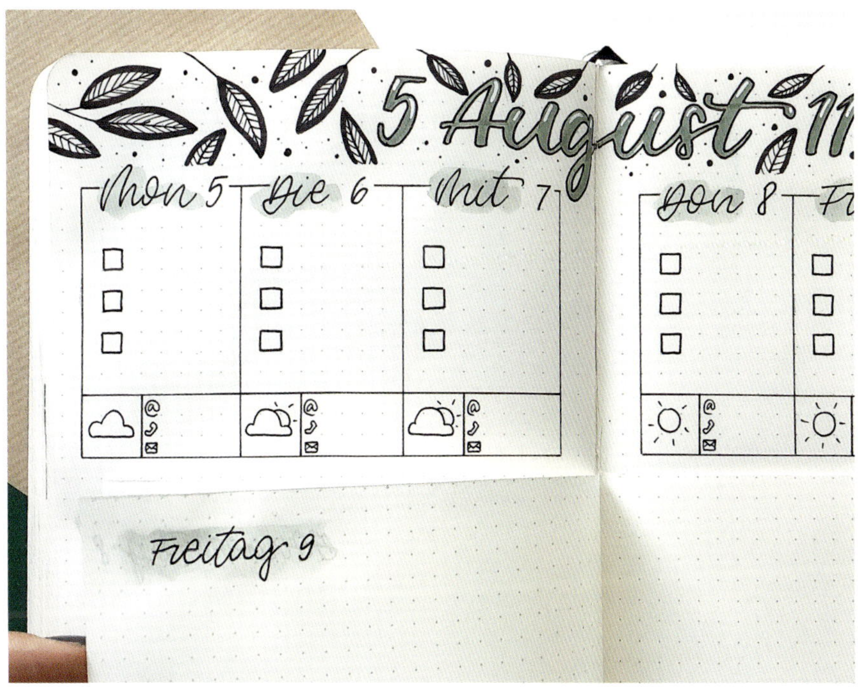

Wochenübersicht mit Stempeln

Stempel gibt es mit unzähligen Motiven und sie bieten eine gute Alternative zu eigenen Zeichnungen. Wenn du den Dreh einmal raus hast, ist es ganz einfach, deine Seiten im Bullet Journal auf diese Art zu verschönern.

Du brauchst:

- Stempel mit verschiedenen Blumen- und Blättermotiven
- Stempelkissen in verschiedenen Rottönen
- Stempelkissen in Grün
- Lineal, Bleistift
- Washi Tape
- Wasserfesten Fineliner, schwarz
- Brush Pen

1 Bei dieser Wochenübersicht gestaltest du die Seitenränder. Miss dafür zunächst etwa 5,5 Zentimeter vom linken und rechten Rand deiner Doppelseite ab und ziehe eine Bleistiftlinie von oben nach unten. Das werden die Bereiche sein, die mit Stempelmotiven, in diesem Fall mit Blumen, verschönert werden.
Klebe je einen Streifen Washi Tape genau an diese Bleistiftlinien. Diese Abgrenzung ermöglicht dir, den Stempel auch am Rand aufzusetzen, ohne über die Linie hinaus zu kommen. Drücke das Tape nicht zu fest an, sonst hast du später Schwierigkeiten, es wieder abzulösen.

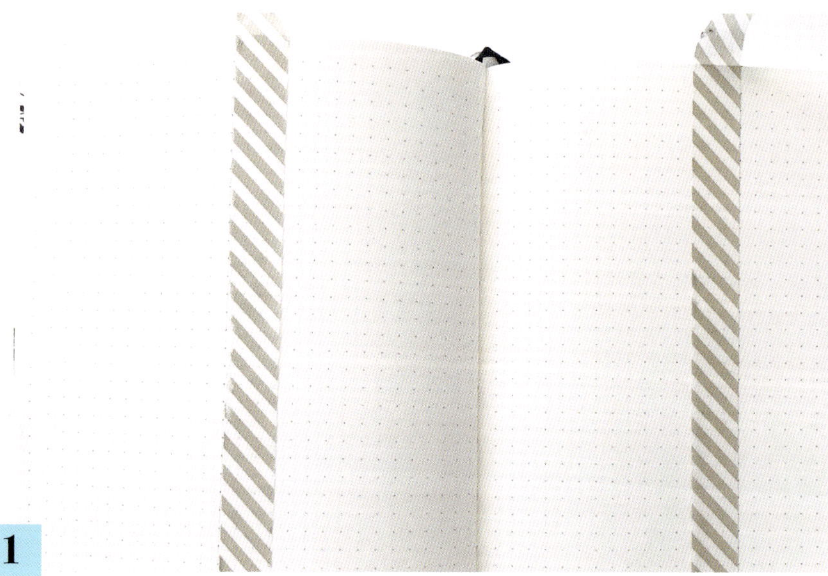

1

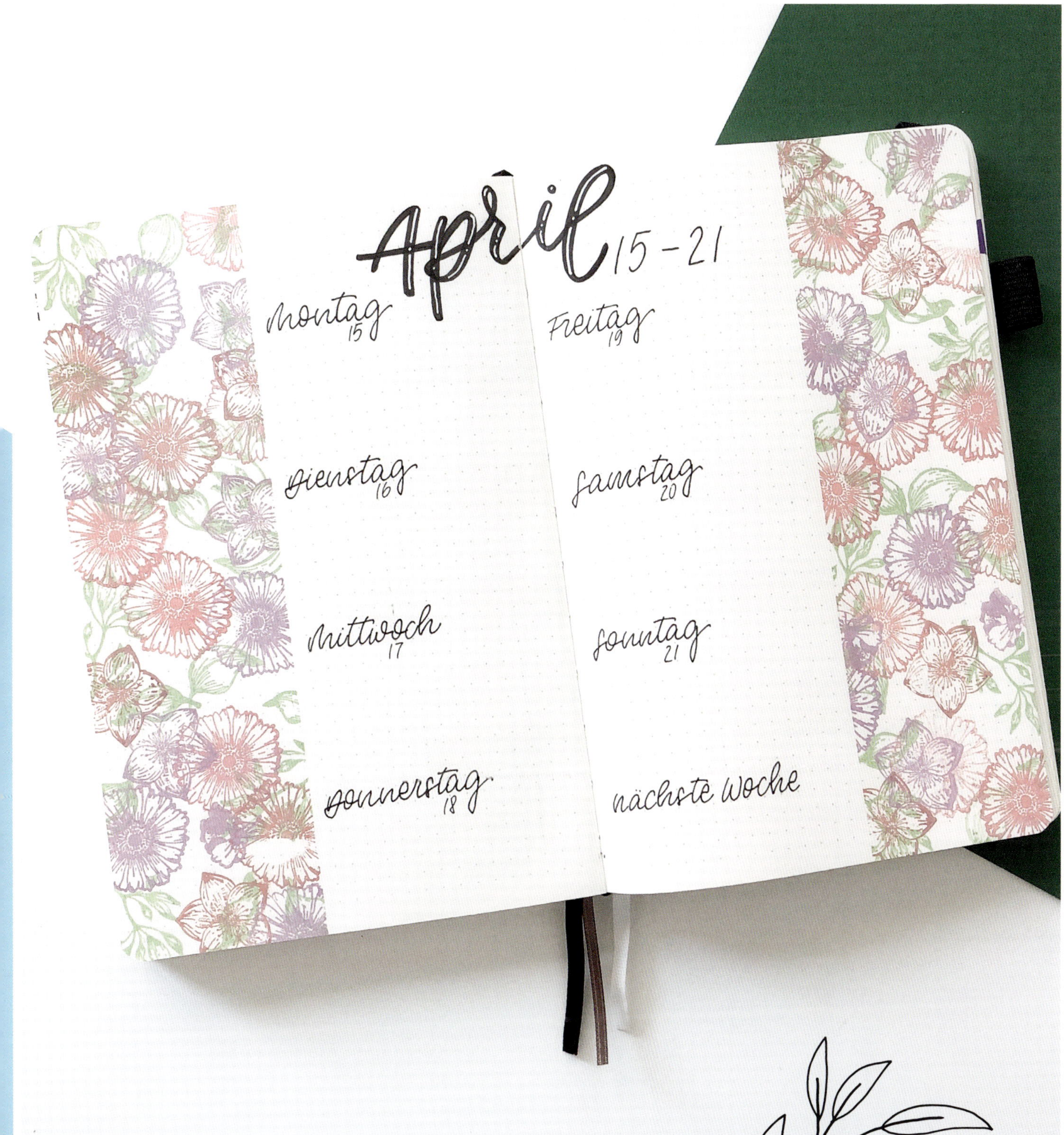
April 15 – 21
Montag 15
Dienstag 16
Mittwoch 17
Donnerstag 18
Freitag 19
Samstag 20
Sonntag 21
nächste Woche

2 Beginne mit den Blättern in grüner Stempelfarbe. Du kannst sie überall auf dem Streifen verteilen und auch in verschiedenen Grüntönen übereinanderlegen. Lasse nur zwischen den Blättern immer etwas Platz für eine Blüte.

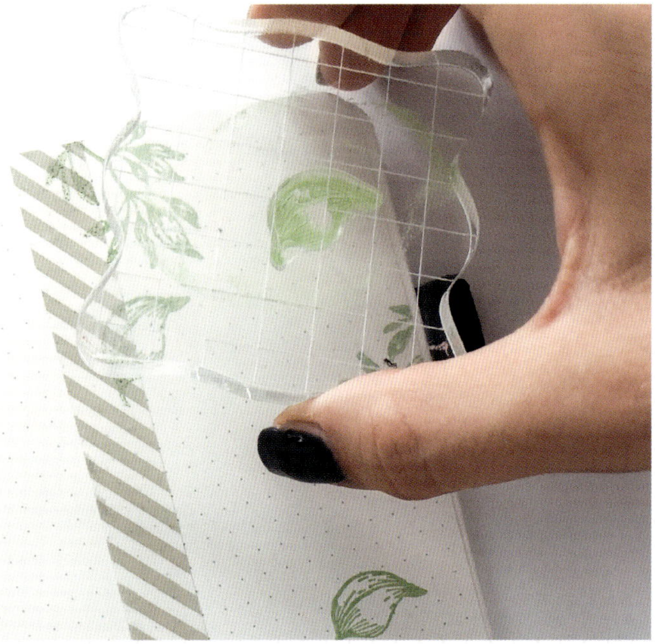

2

3

3 Nun sind die Blüten an der Reihe. Beginne mit dem hellsten Rotton deiner Stempelfarben. Platziere ein paar helle Blüten.

Tipp

Wenn eine Blüte unsauber oder nicht vollständig gestempelt ist, ist das überhaupt nicht schlimm. Du überdeckst sie einfach mit einer anderen Blüte in einem anderen Farbton.

4 Jetzt stempelst du die Blüten in einem dunkleren Farbton.

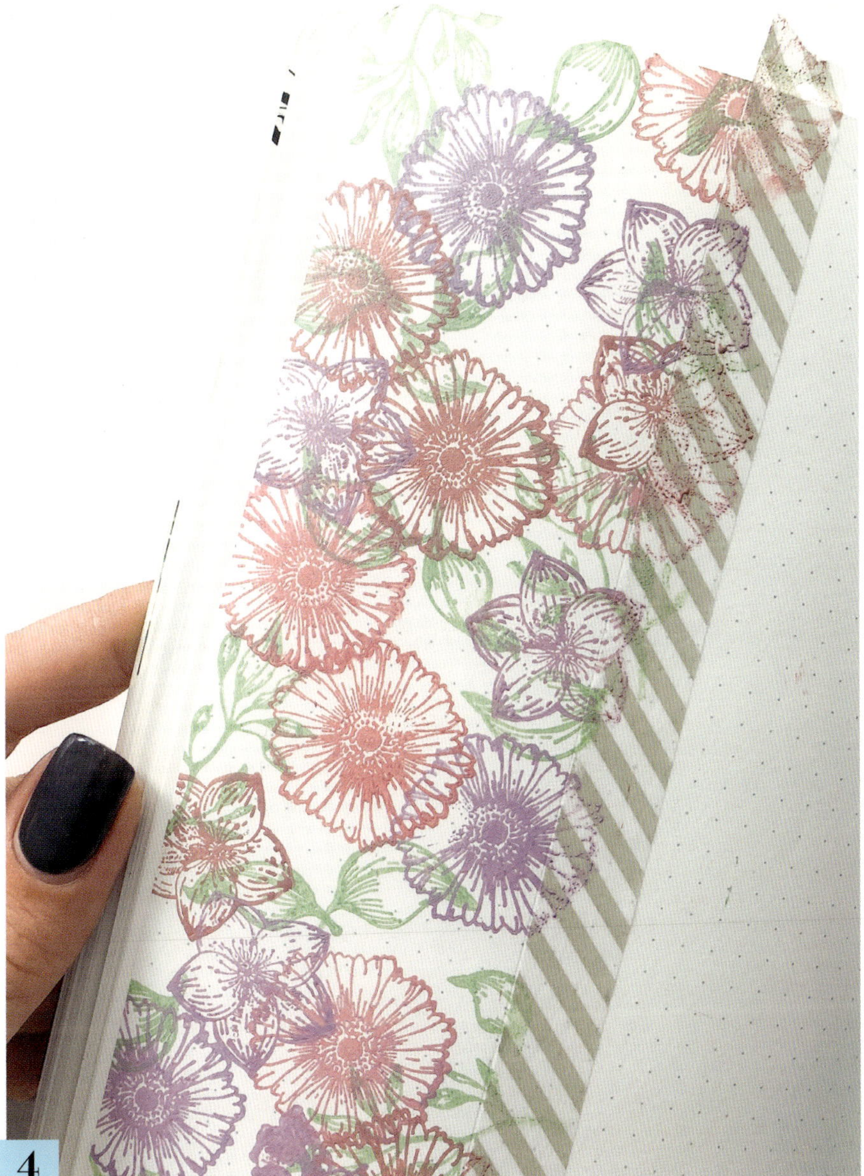

4

5 Bist du mit der Anordnung zufrieden, löst du die Washi-Tape-Streifen vorsichtig vom Papier und lässt die Doppelseite gut trocknen.
Füge zum Schluss noch das Lettering für den Monat hinzu und ergänze die Wochentage und -daten, wie sie für dich am besten passen.

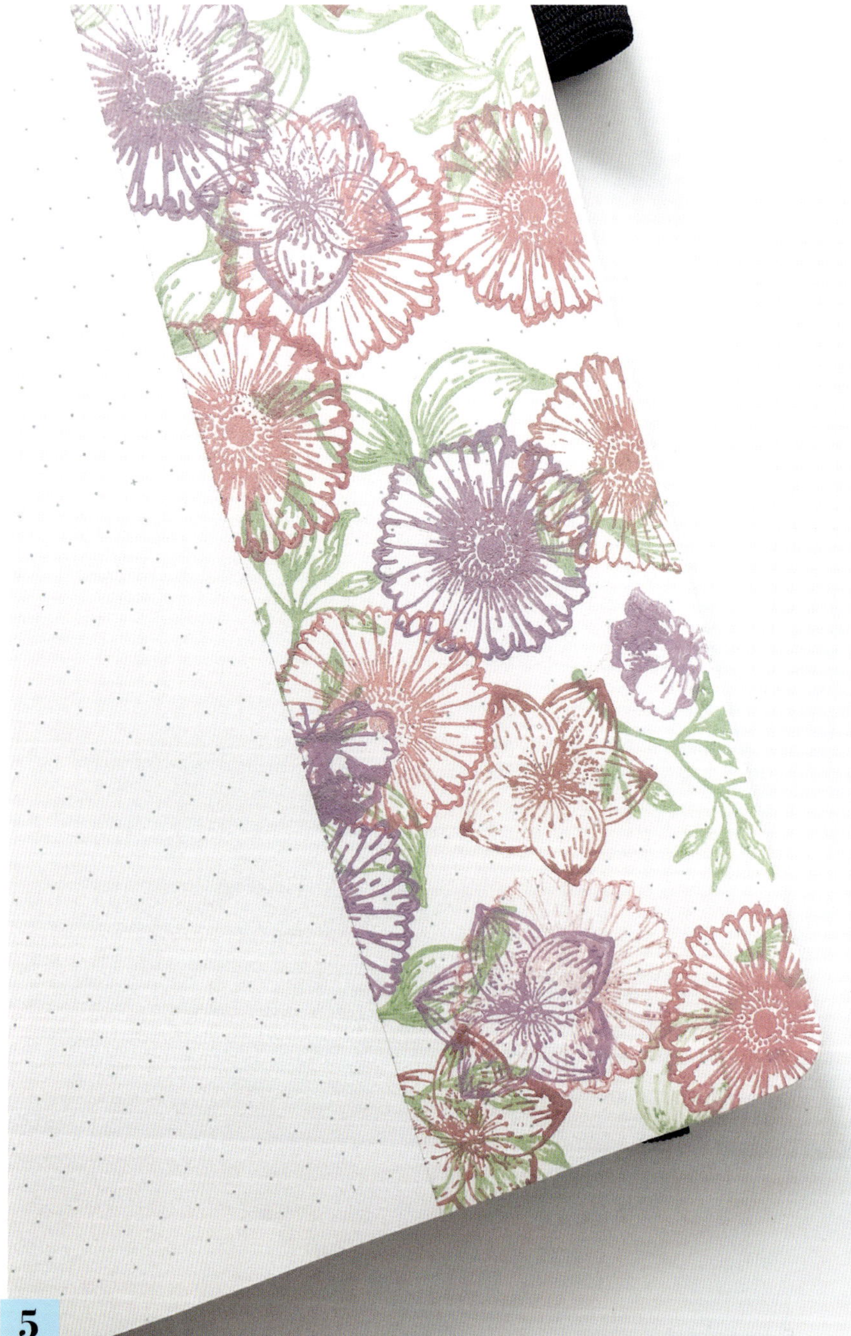

5

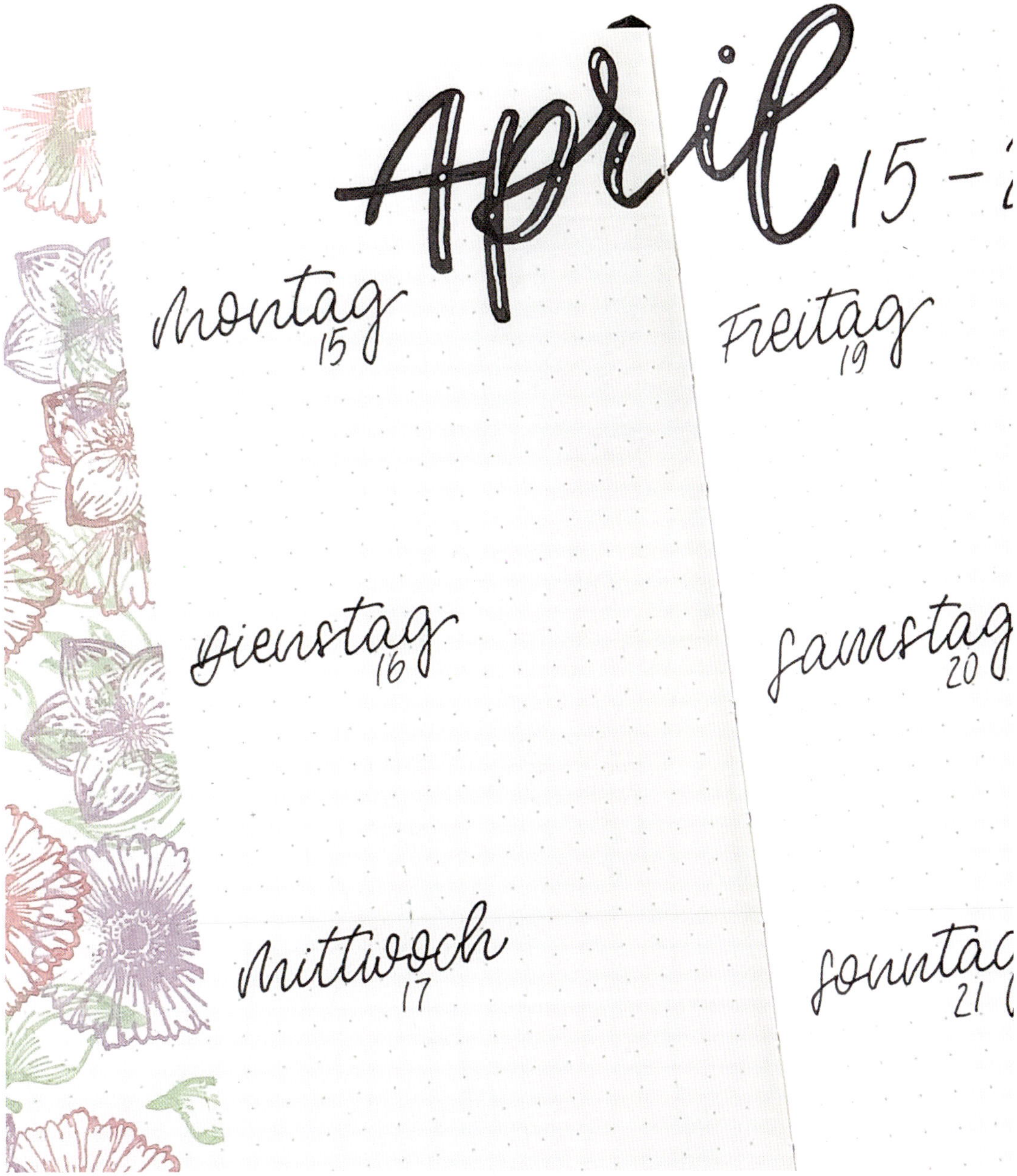
April
15 -
Montag
15
Freitag
19
Dienstag
16
Samstag
20
Mittwoch
17
21

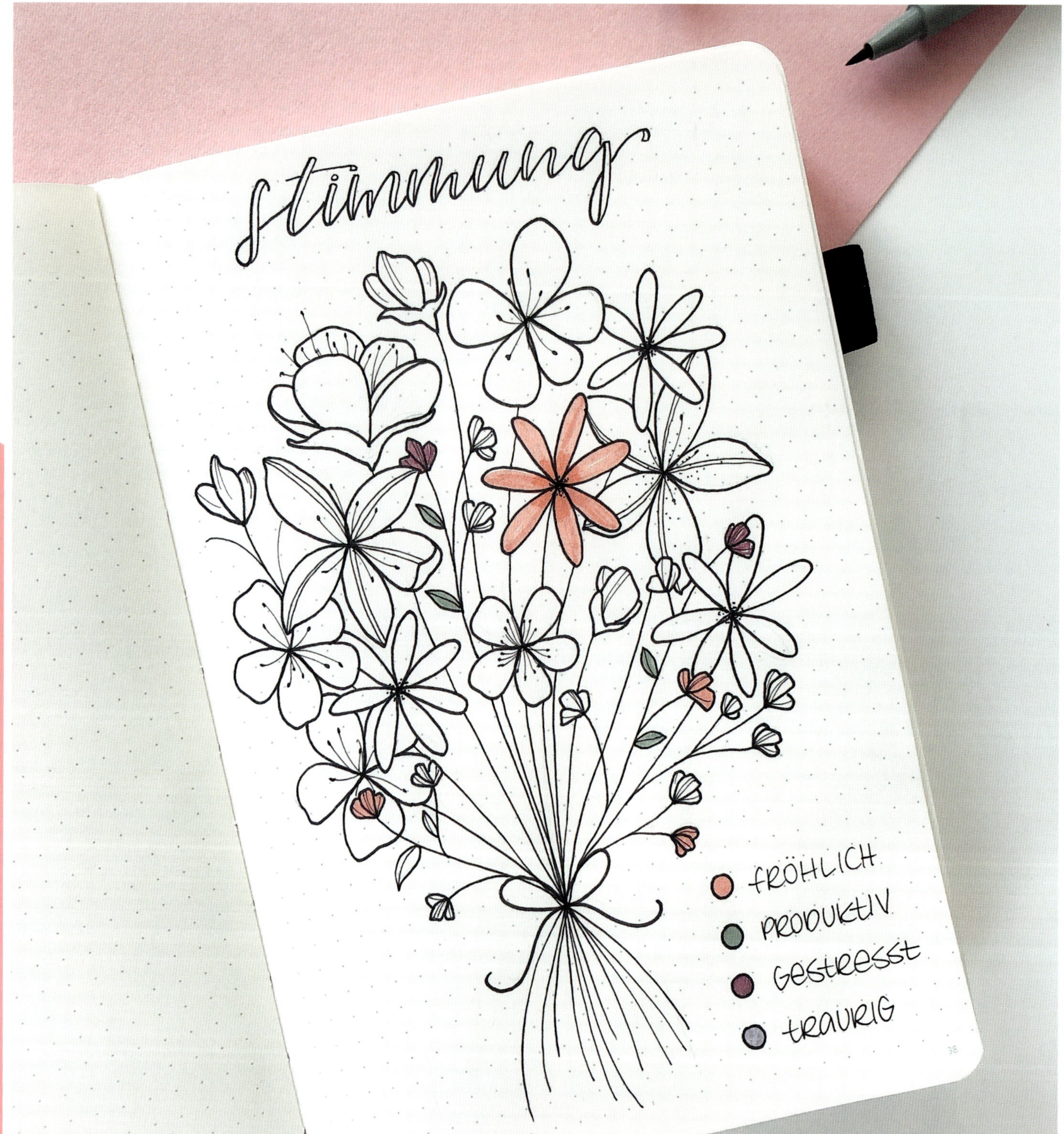
stimmung
FRÖHLICH
PRODUKTIV
GESTRESST
TRAURIG

Floraler Stimmungstracker

Mit einem Stimmungstracker, auch Mood Tracker genannt, kannst du deine Stimmungen und Gefühle erfassen. Das eigene Befinden wird jeden Abend ganz bewusst noch einmal reflektiert und festgehalten. Eine gute Möglichkeit, wie du dich und dein Wohlbefinden in dieser schnelllebigen Zeit nicht aus den Augen verlierst.

Du brauchst:

- Bleistift, Radiergummi
- Wasserfeste Fineliner in den Strichstärken 01 und 03
- Verschiedenfarbige Stifte

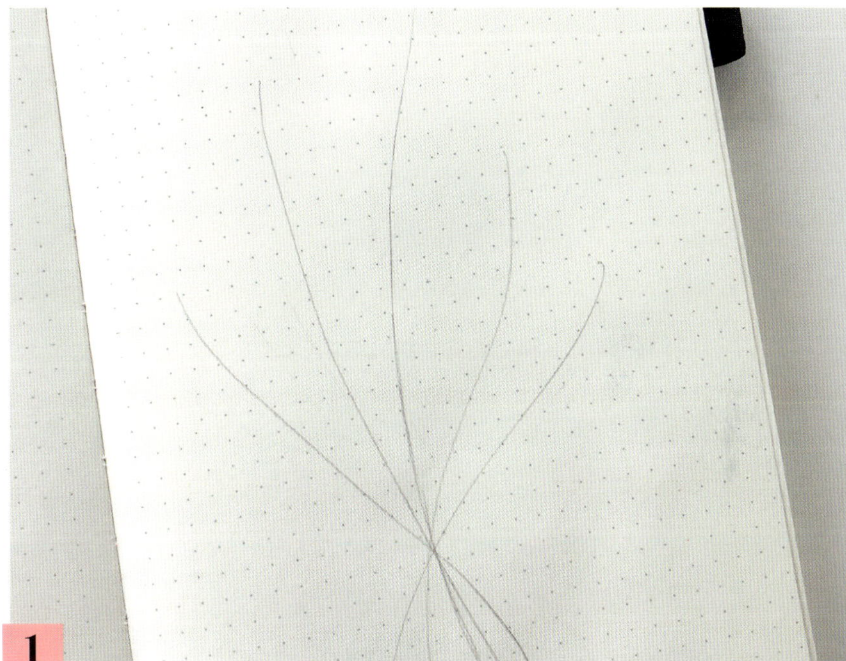

1

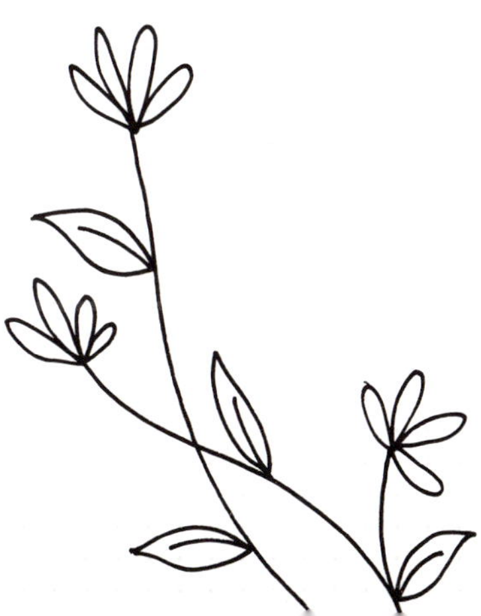

1 Für diesen stimmungsvollen Blumenstrauß beginnst du mit den Blumenstängeln. Zeichne viele verschieden lange Bleistiftstriche, die sich im unteren Bereich überkreuzen.

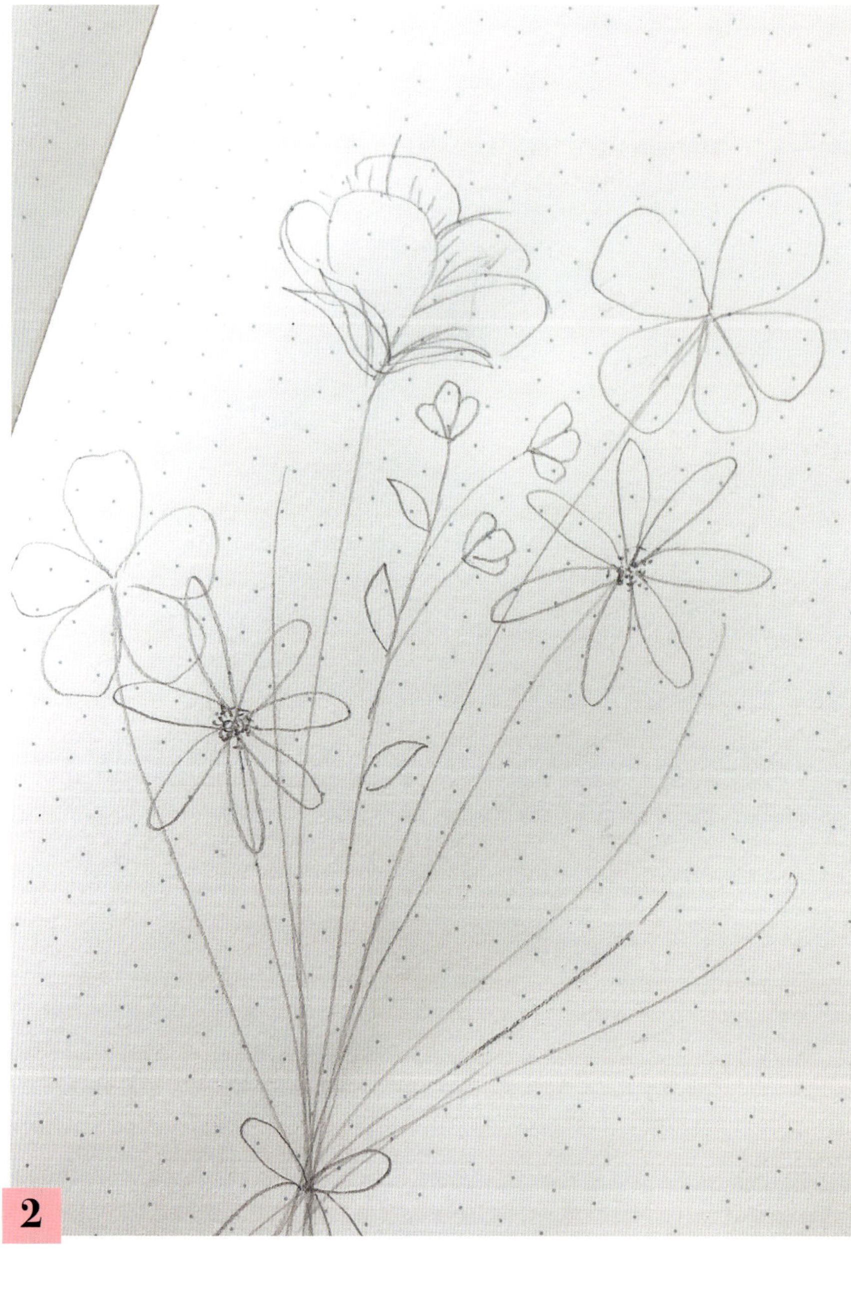

2

2 Zeichne so viele Blüten wie der entsprechende Monat Tage hat. Durch Überschneidungen und verschiedene Größen wird es dir gelingen, auch 31 Blüten in deinen Strauß zu integrieren. Natürlich kannst du neben den Blumen auch Blätter nutzen, um darin deine Stimmung festzuhalten.

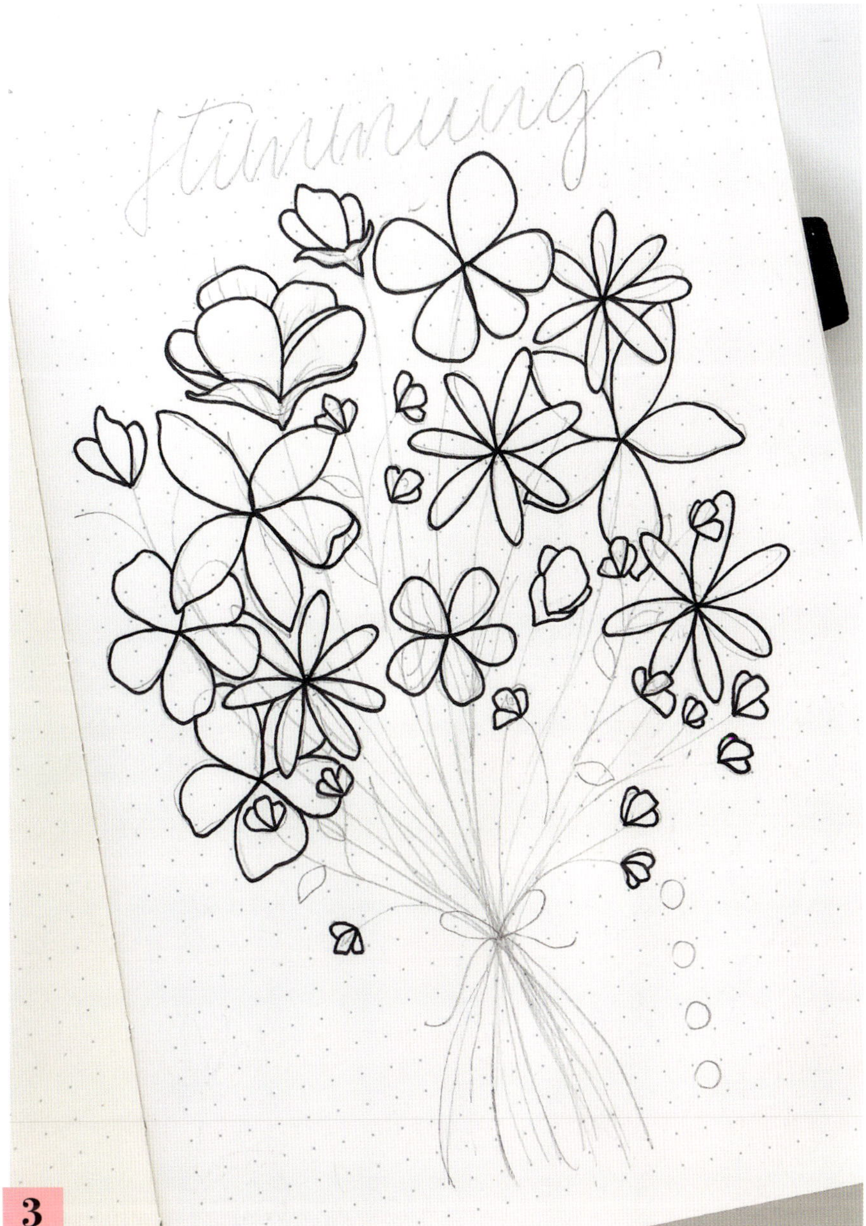

3

3 Wenn dein Blumenstrauß fertig ist, verzierst du die Stelle, an der sich alle Stängel kreuzen, mit einer kleinen Schleife. Füge die Überschrift für deinen Tracker am oberen Rand der Seite ein. Ziehe anschließend sowohl die Linien der Überschrift als auch die der Blumen und Blätter mit einem schwarzen, wasserfesten Fineliner nach.

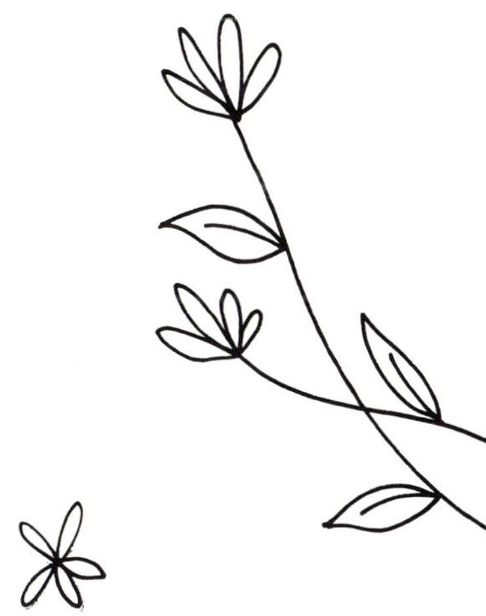

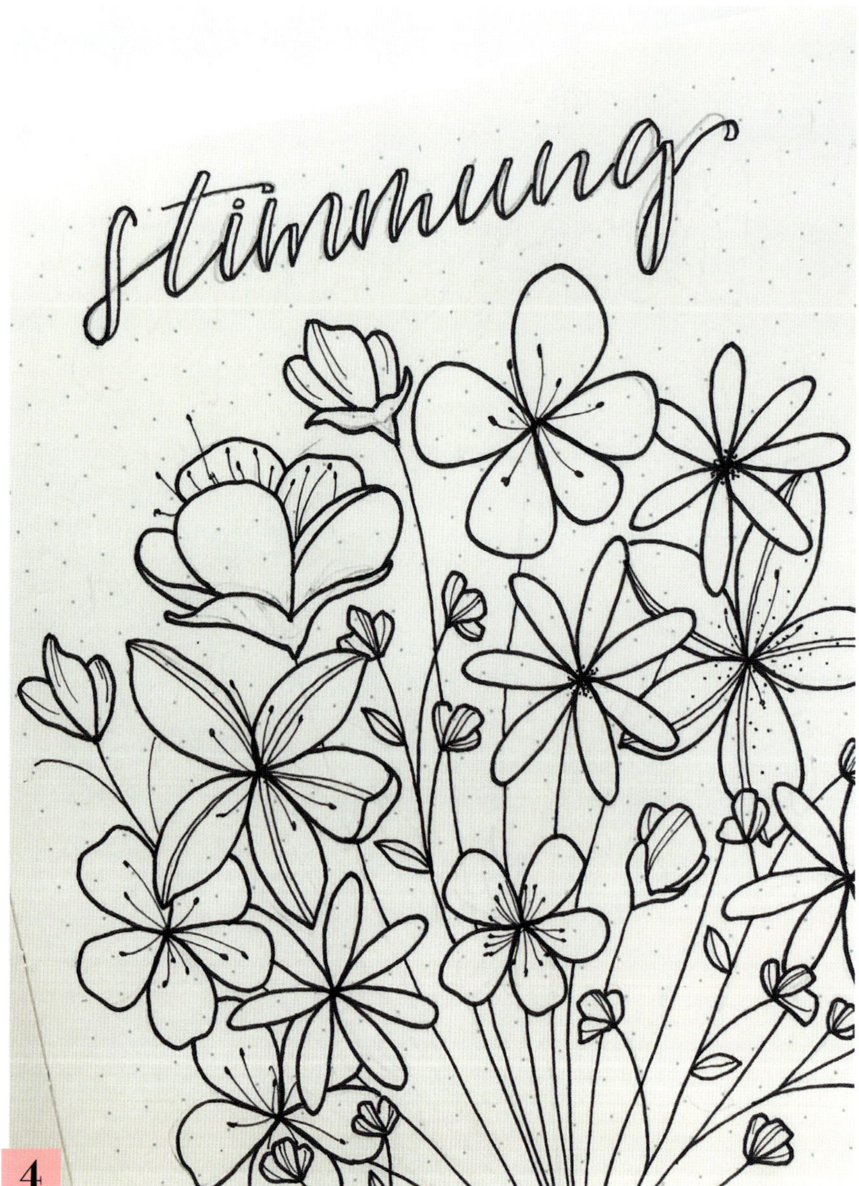

4

4 Verwende für die äußeren Linien der Blüten einen Fineliner in einer dickeren Strichstärke. Zum Schluss ziehst du die Blumenstängel sowie die Details mit einem Fineliner in einer dünneren Stärke nach. So entsteht innerhalb deines Blumenstraußes mehr Bewegung.

Tipp

Möchtest du deine Stimmung auf den Tag genau nachvollziehen, kannst du die einzelnen Blüten entsprechend nummerieren.

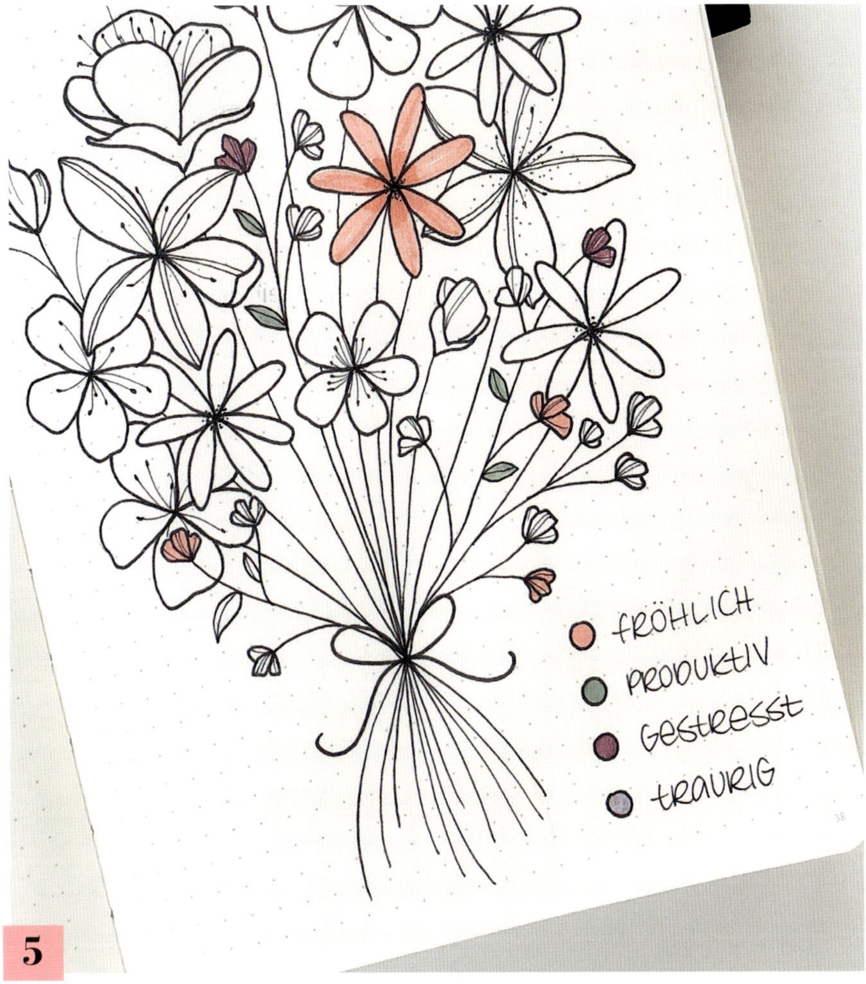

5

5 Lege nun die Legende für deine verschiedenen Stimmungen an. Welche und wie viele das sind, entscheidest du. Male hierfür kleine Kreise in der entsprechenden Farbe an den Rand der Seite und schreibe die Stimmung daneben.

Tipp

Wenn deine Stifte bestimmte Farbnummern haben, kannst du diese klein in dem jeweiligen Kreis notieren. Damit verhinderst du, dass du nicht mehr weißt, welchen Stift du für welche Stimmung benutzt hast. Das ist besonders sinnvoll, wenn du verschiedene Nuancen einer Farbe benutzt.

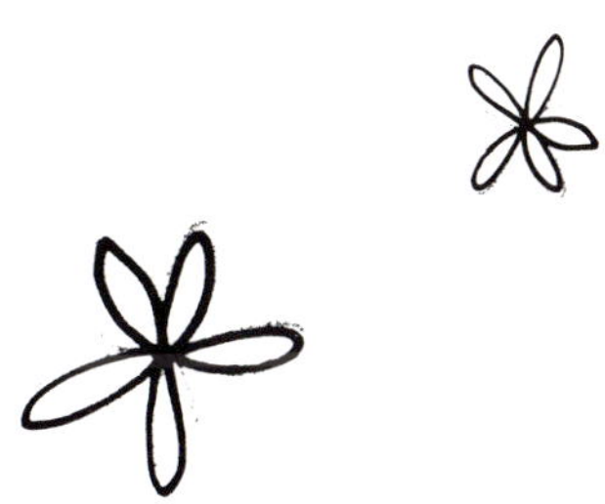

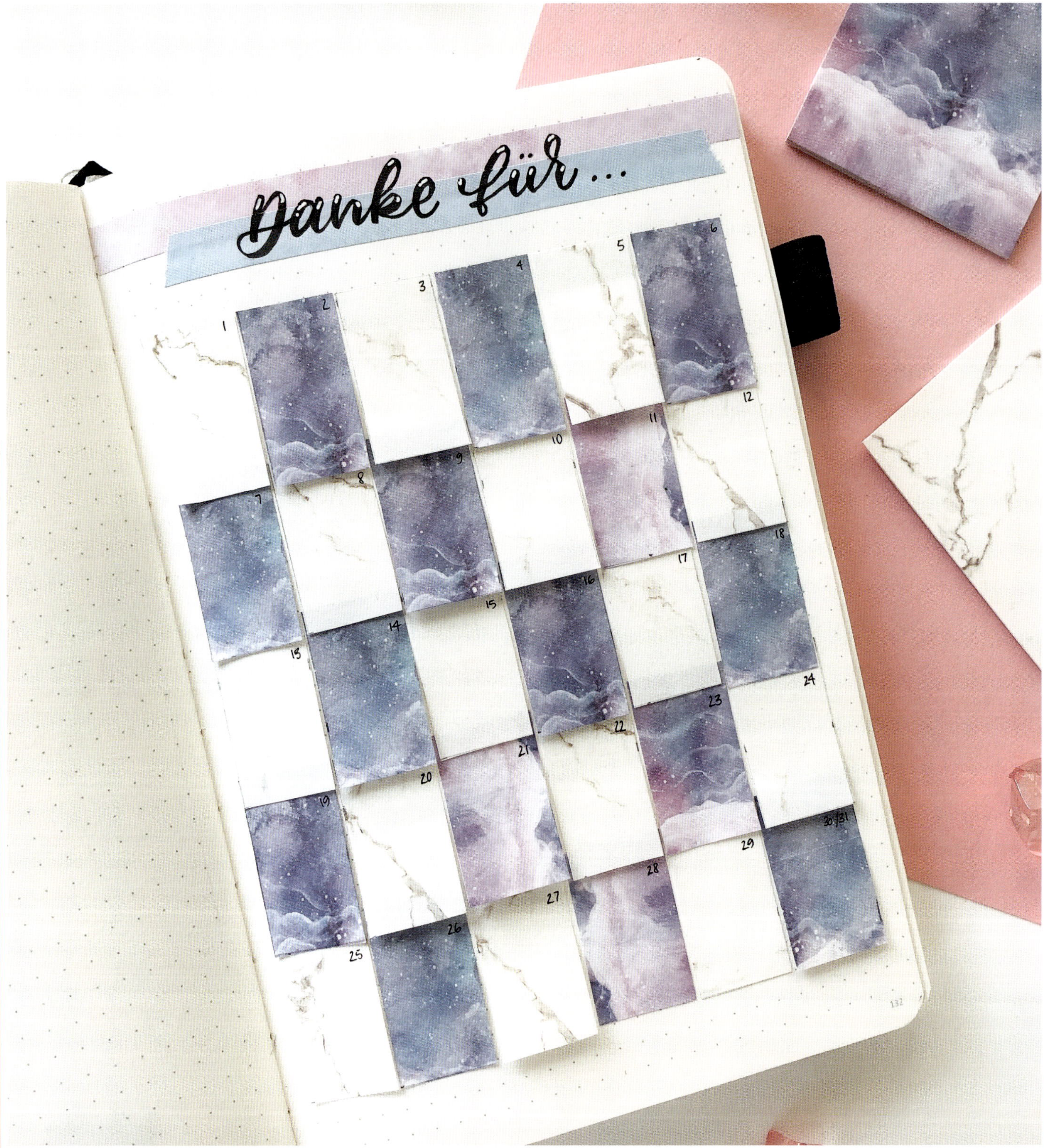
Danke für ...
1
2
3
4
5
6
7
8
9
10
11
12
13
14
15
16
17
18
19
20
21
22
23
24
25
26
27
28
29
30/31

Dankbarkeitstracker

Jeden Tag etwas zu notieren, wofür man dankbar ist, fühlt sich gut an. Auch in jedem noch so schlechten Tag findet sich etwas Gutes. Damit du deine ganz persönlichen Notizen vor neugierigen Blicken schützen kannst, versteckst du die kurzen Botschaften an dich selbst einfach hinter kleinen Klappen aus Klebezetteln.

Du brauchst:

- Quadratische Klebezettel, mit oder ohne Motiv
- Schere
- Bleistift, Brush Pen
- Lineal, Radiergummi
- Washi Tape oder Motivpapierstreifen
- Permanentstift (Folienstift), schwarz
- Optional: Kleber oder Kleberoller

1 Oben auf die Seite kommt als erstes deine Überschrift. „Ich bin dankbar für...", „Danke für..." oder „Dankbarkeitstracker" sind nur ein paar Ideen. Du kannst sie – zunächst mit Bleistift – auf aufgeklebtes, farbiges Papier oder Washi Tape schreiben. Beachte, dass der Streifen nicht breiter als zwei Zentimeter werden sollte, damit die Klebezettelklappen auf deiner Seite genug Platz finden. Wenn dir dein Entwurf für die Überschrift gefällt, kann du die Schrift mit einem Brush Pen nachziehen.

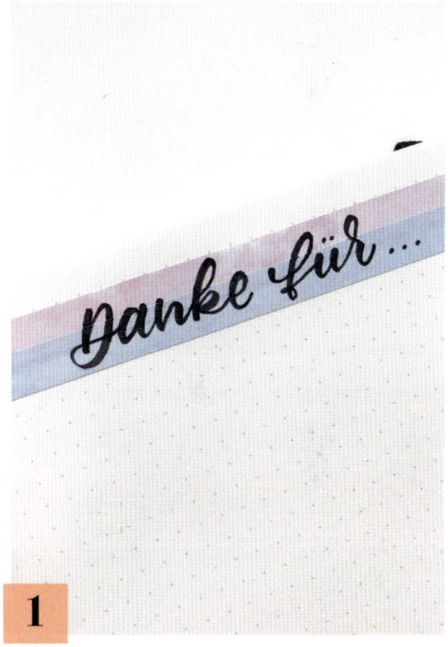

1

2 Für eine DIN-A5-Seite benötigst du 30 Streifen mit den Maßen 2 cm x 3,5 cm. Schneide die Streifen so zurecht, dass sich die Klebefläche an der oberen Innenseite befindet. In einem Monat mit 31 Tagen kannst du die beiden letzten Tage unter einer Klappe zusammenfassen oder du ergänzt sie um eine kürzere Klappe.

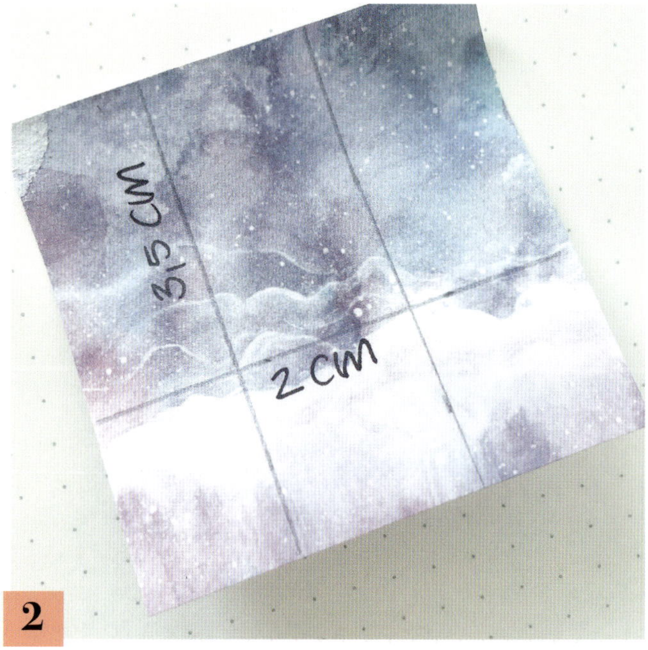

2

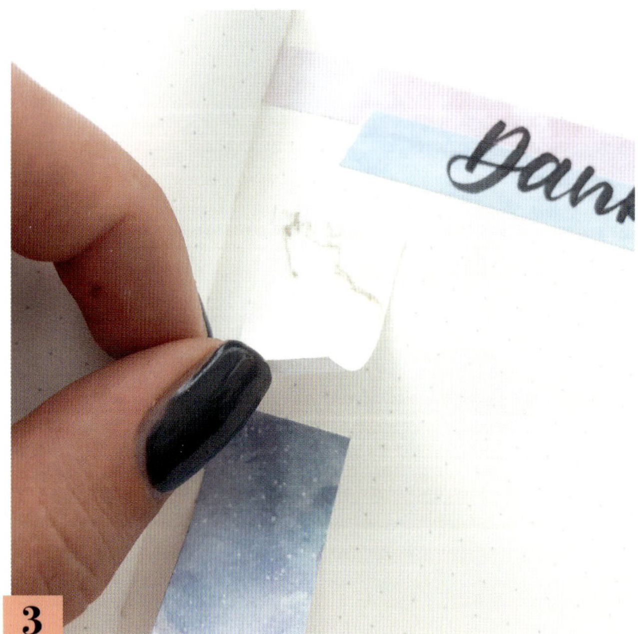
3

3 Beginne links am oberen Rand der Zeile damit, die Streifen aufzukleben. Trage für einen besseren Halt zusätzlich etwas Kleber auf.

Tipp

Im Handel gibt es Kleberoller, die einem Korrekturroller ähneln. Sie eignen sich hervorragend für alle Bastelarbeiten!

4

4 Klebe fünf Streifen wie Dachziegel so untereinander, dass sie sich am unteren Rand jeweils um fünf Millimeter überlappen. Den sechsten Streifen setzt du dann in eine neue Spalte in geringem Abstand rechts neben deinen ersten.

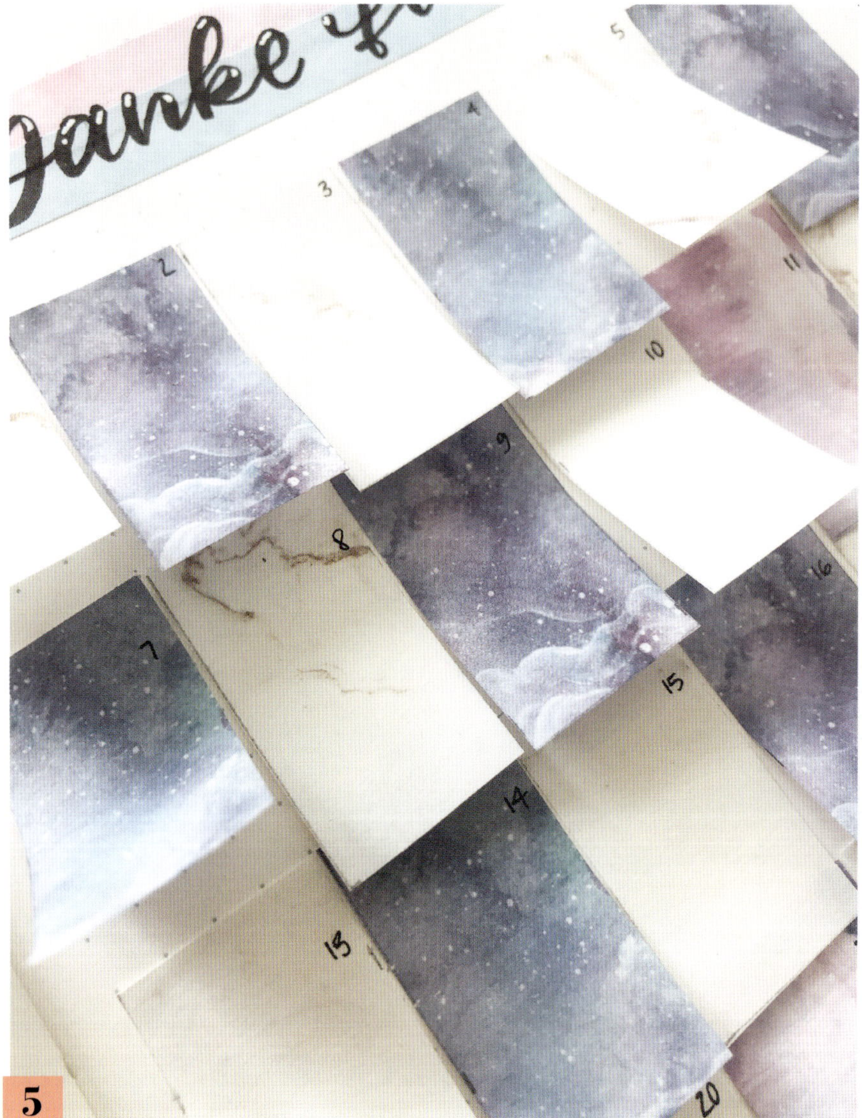

5

5 Bring auf diese Weise alle Streifen auf deiner Seite an. Bist du mit der Anordnung zufrieden, kannst du die Zettelchen mit dem schwarzen Permanentstift entsprechend nummerieren.

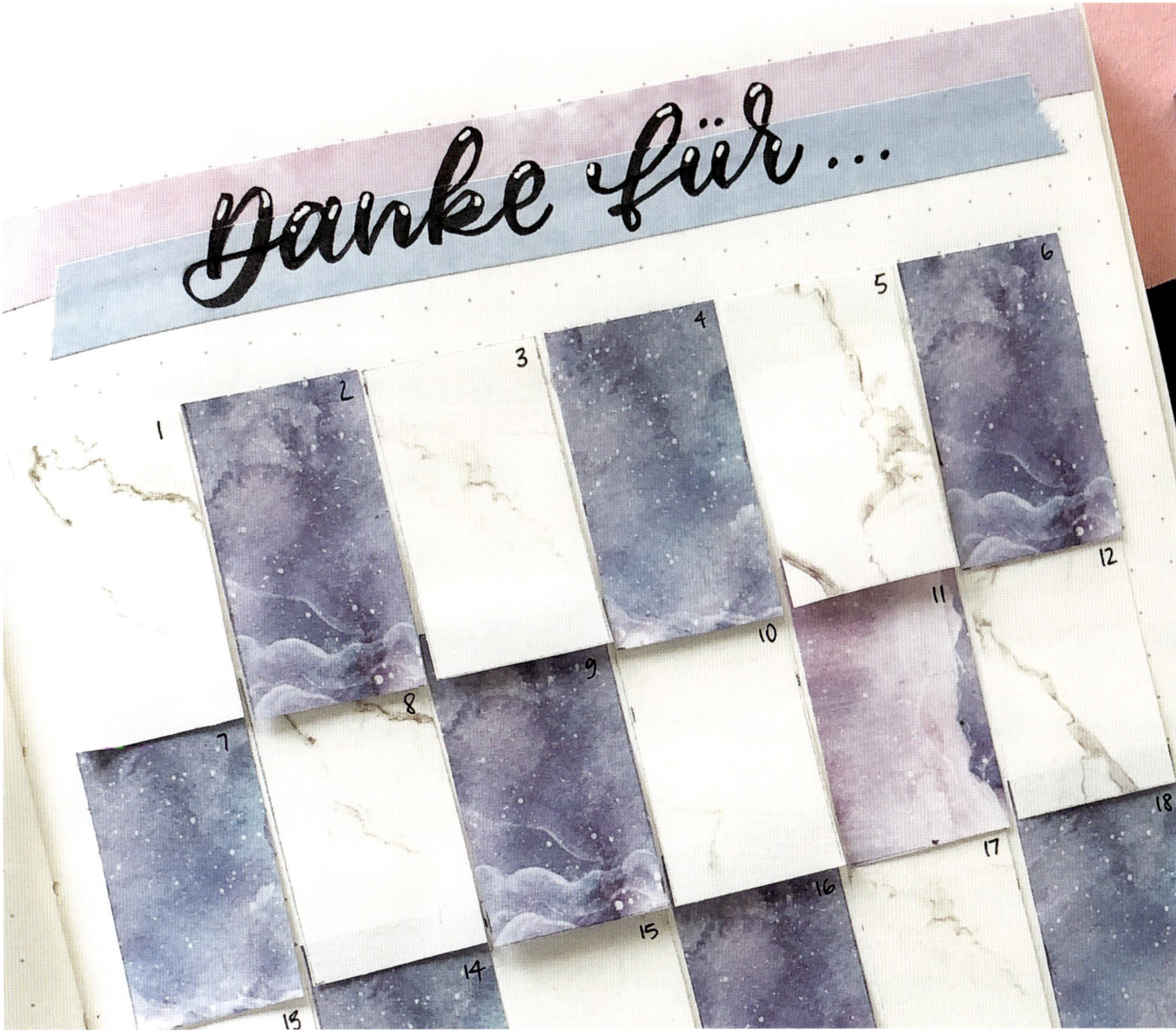
Danke für ...
1
2
3
4
5
6
7
8
9
10
11
12
13
14
15
16
17
18

Geburtstagstracker

Wenn es um Geburtstage geht, kann es ruhig auch mal funkeln und glitzern. Manchmal reichen allerdings schon kleine Akzente. Für diese festliche Geburtstagsübersicht arbeitest du mit Schablonen und Transferfolie. Das ist eine Folie im Metallic-Look, die man mit einem speziellen Kleber oder Klebestift direkt auf das Papier bringen kann.

Du brauchst:

- Transferfolie
- Klebestift für Transferfolien
- Schablonen mit Bannermotiv und Buchstaben
- Pigmentliner oder Fineliner, schwarz
- Lineal, Bleistift, Radiergummi
- Ein Geldstück zum Andrücken der Folie

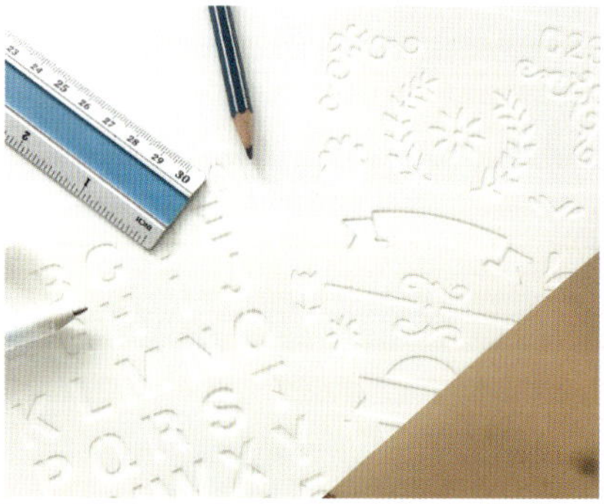

1 Miss zuerst deine Doppelseite aus und zeichne mit Bleistift vor. Für den Geburtstagstracker benötigst du 12 gleichgroße Boxen. Lasse am oberen Rand genug Platz für die Überschrift und beachte, dass über jeder Box noch ein Banner stehen soll.

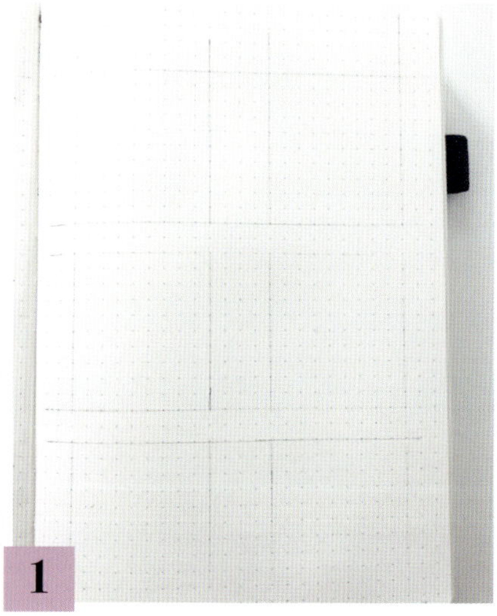

1

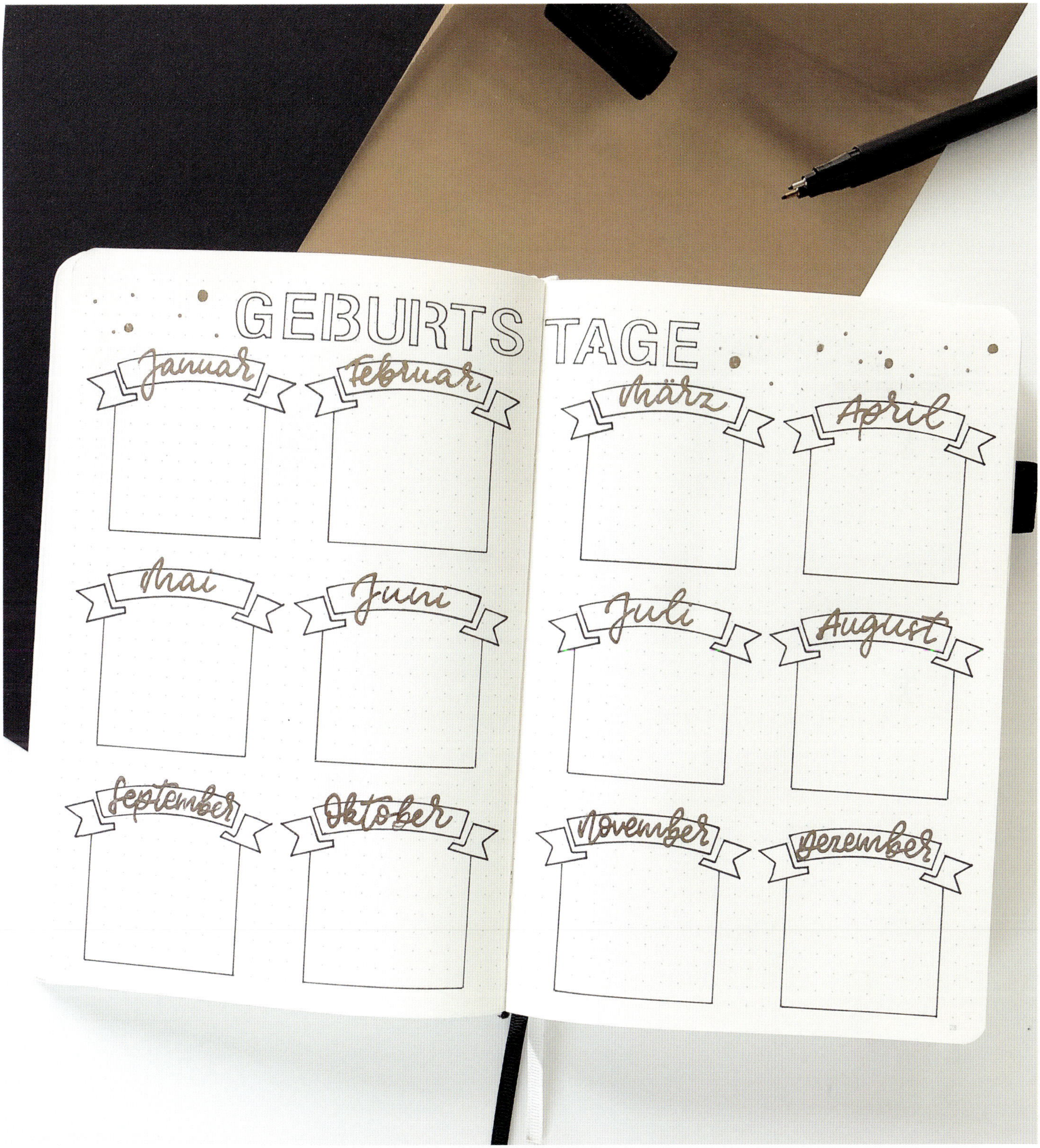
GEBURTSTAGE
Januar
Februar
März
April
Mai
Juni
Juli
August
September
Oktober
November
Dezember

2

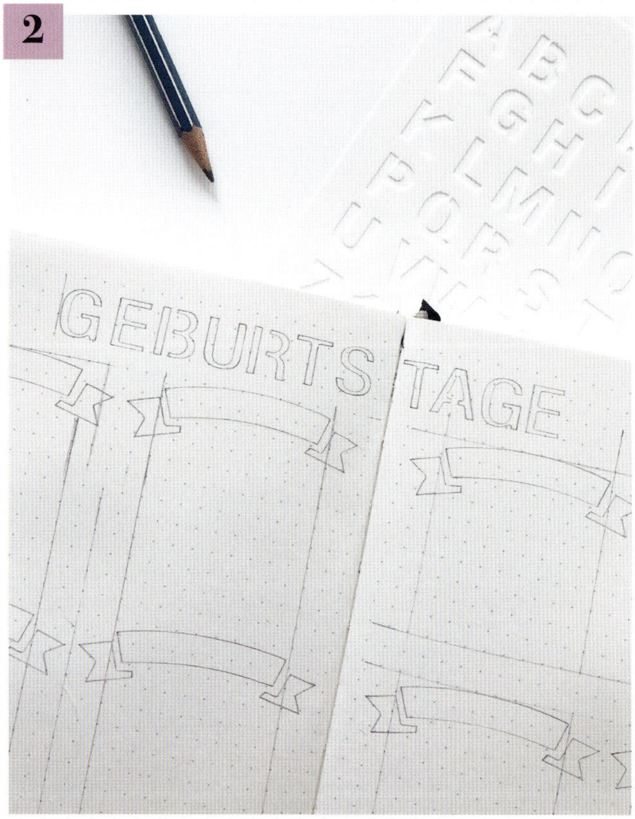

3

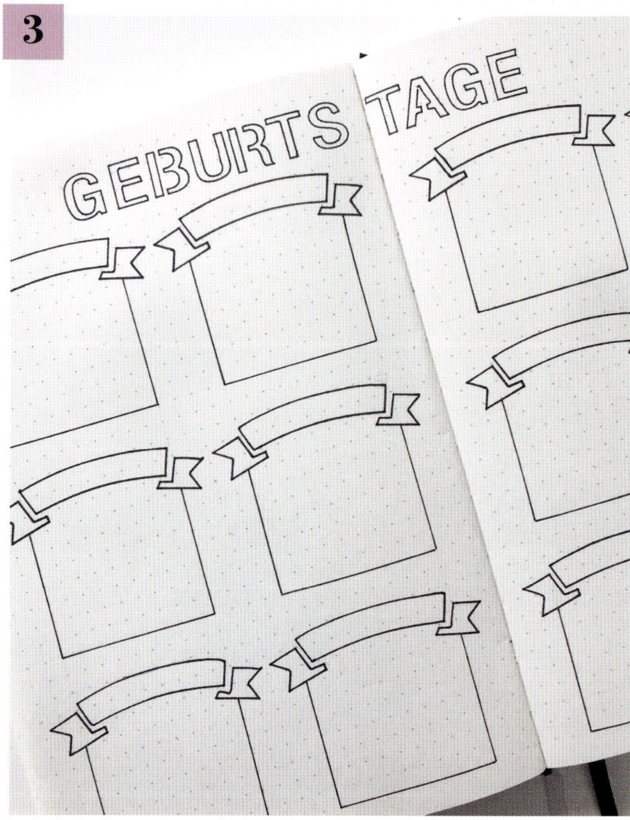

2 Setze an den oberen Rand jeder Box mit Hilfe der Schablone ein Banner in der passenden Größe. Zeichne mit einer Buchstabenschablone die Überschrift am oberen Rand der Doppelseite.

3 Male alle Bleistiftstriche mit einem schwarzen Fineliner nach. Radiere anschließend die Bleistiftlinien vorsichtig weg.

4 Im nächsten Schritt schreibst du mit dem Klebestift die Monatsnamen in die Banner. Die Buchstaben können dabei auch über die Ränder der Banner hinausgehen, da die Folie diesen Übergang später verdeckt. Du kannst mit dem Klebestift auch Punkte oder Kleckse malen, die du später mit Folie verzierst. Lasse die Klebeschrift ein paar Stunden – am besten über Nacht – antrocknen.

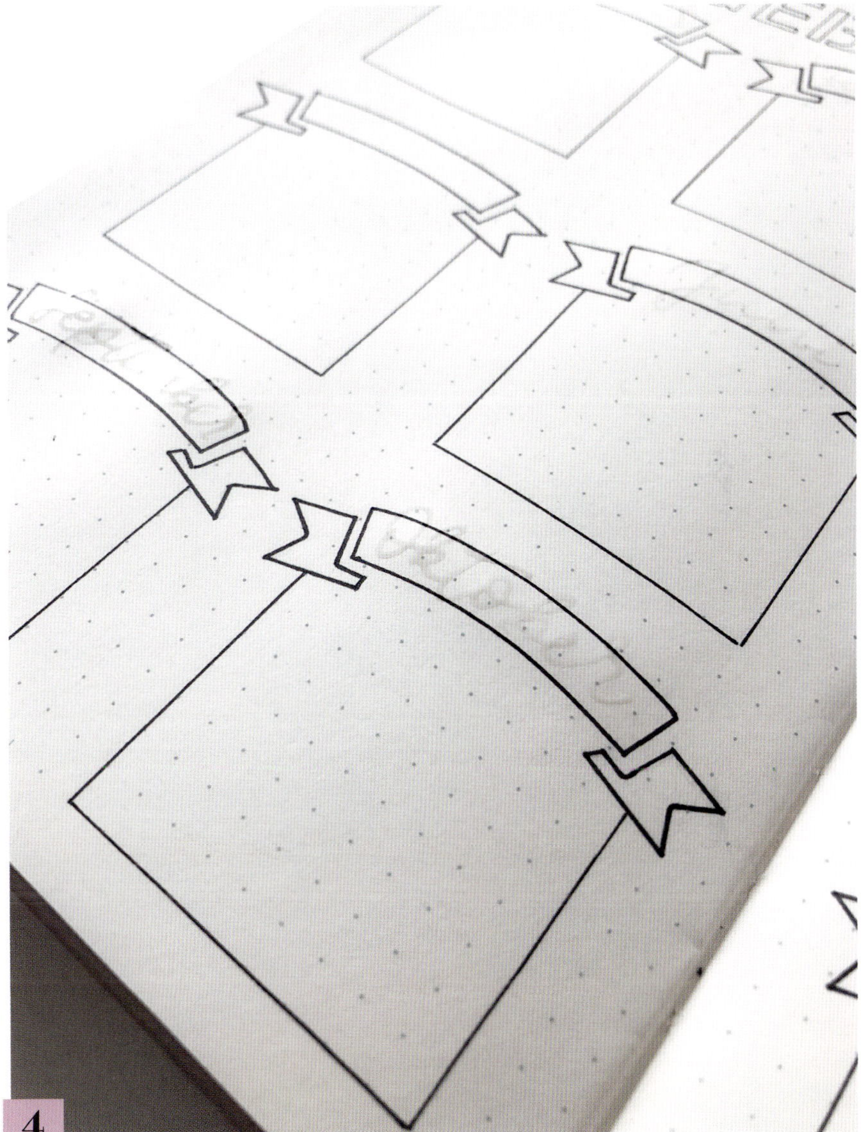

4

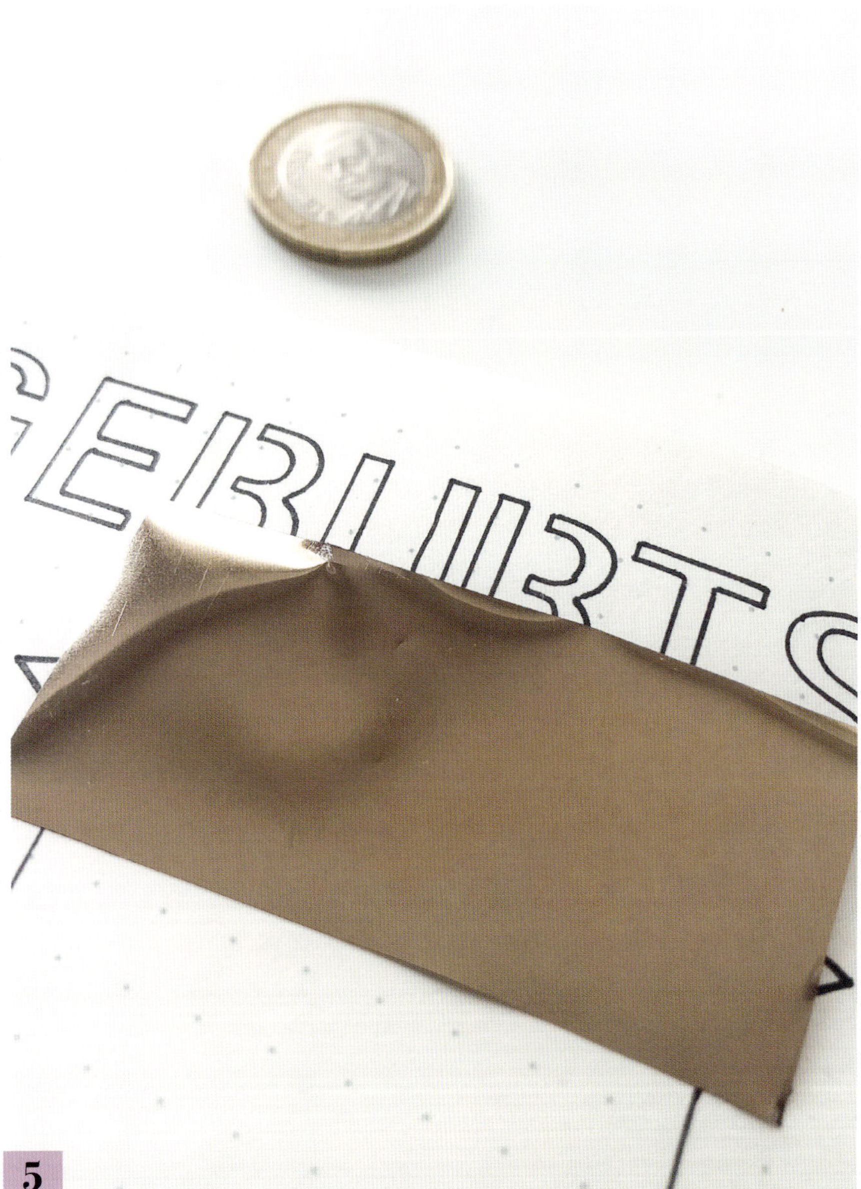

5

5 Lege nun die Dekofolie mit der farbigen Seite nach oben auf deinen Monatsnamen und reibe mit einem Geldstück oder einem anderen geeigneten Gegenstand darüber. Schneide die Folie am besten so zurecht, dass sie nicht mit den anderen Monatsnamen in Berührung kommt.

6 Ziehe die Folie vorsichtig wieder ab. Durch das Reiben haben sich die Metallpartikel der Folie an die Klebeschrift angeheftet. Verziere auf diese Art und Weise alle Monatsnamen und anderen Elemente, die du mit dem Klebestift gemalt hast.

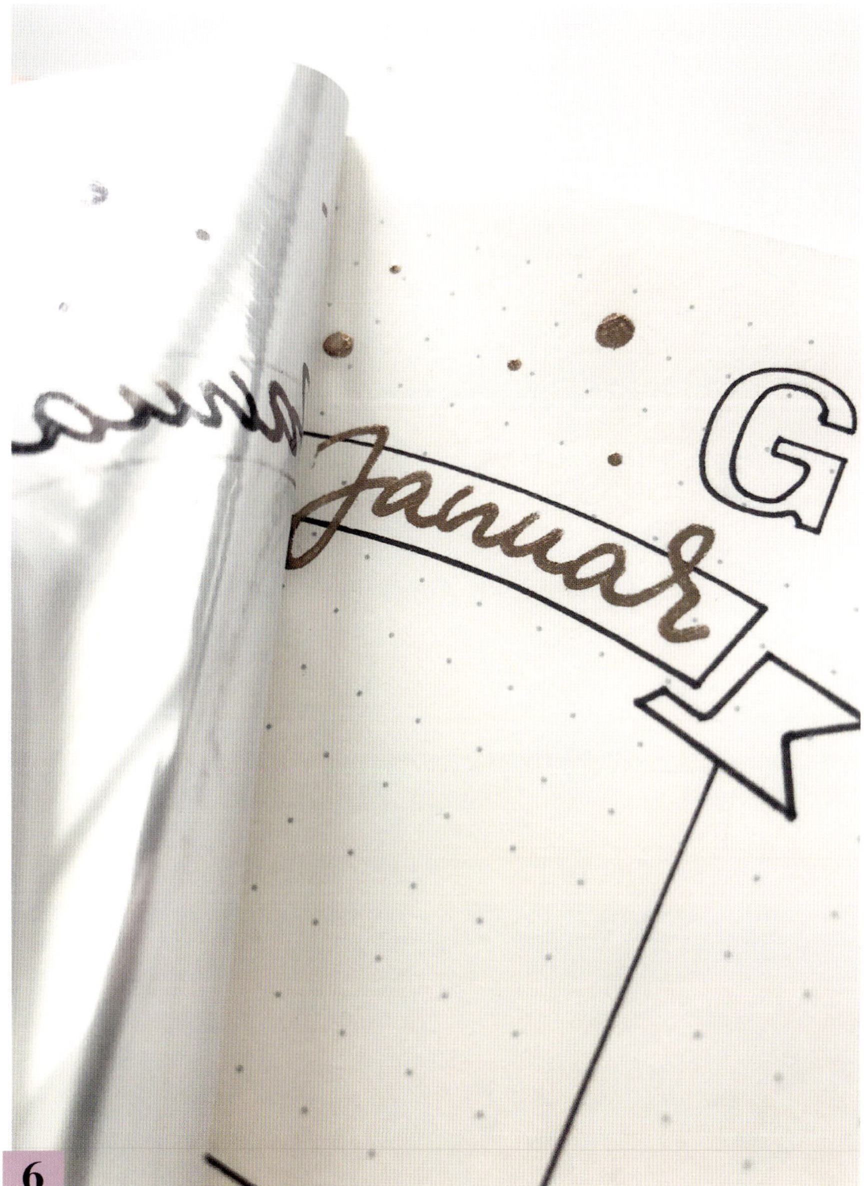

6

Wann habe ich zuletzt ...

Im Alltag vergeht die Zeit wie im Flug und du weißt nicht mehr, wann du das letzte Mal ein paar Stunden nur für dich hattest. Oder wann du den letzten ausgiebigen Spaziergang gemacht hast. Für mehr Achtsamkeit im Alltag kannst du dir mit den praktischen Textmarkern eine Übersicht anlegen. Das gilt auch für Dinge, die regelmäßig erledigt werden müssen, wie etwa die Zahnbürste zu wechseln.

Du brauchst:

- Verschiedenfarbige Textmarker
- Pigmentliner oder Fineliner
- Bleistift
- Radiergummi
- Schablone für eine Textbox

1 Für dieses Projekt solltest du in deinem Bullet Journal eine Doppelseite einplanen. Zeichne mit Bleistift die Überschrift deiner Doppelseite.

1

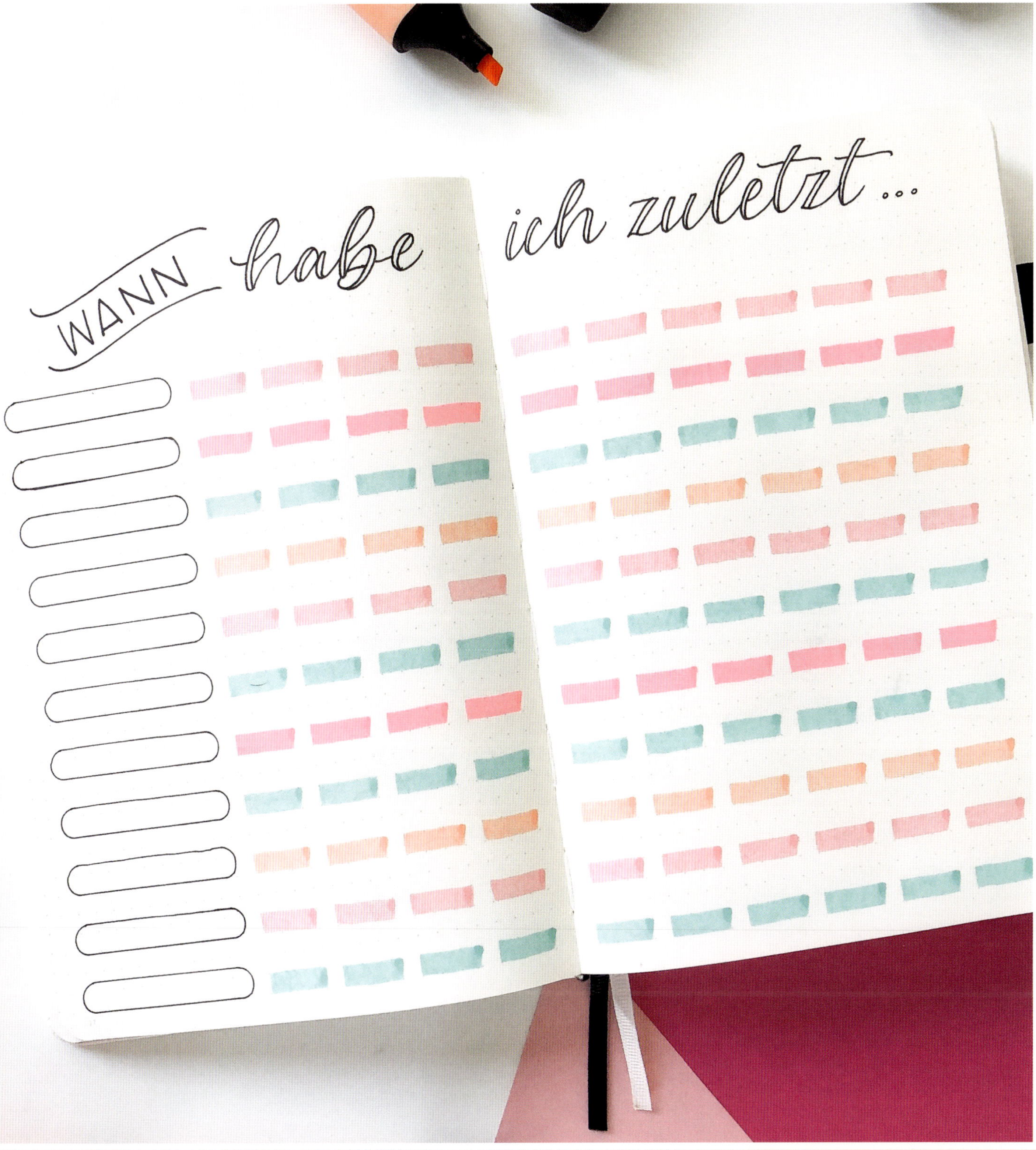
WANN habe ich zuletzt ...

2 Lege jetzt die Schablone am linken Blattrand an und zeichne untereinander so viele Textboxen ein, wie du vermutlich brauchen wirst.

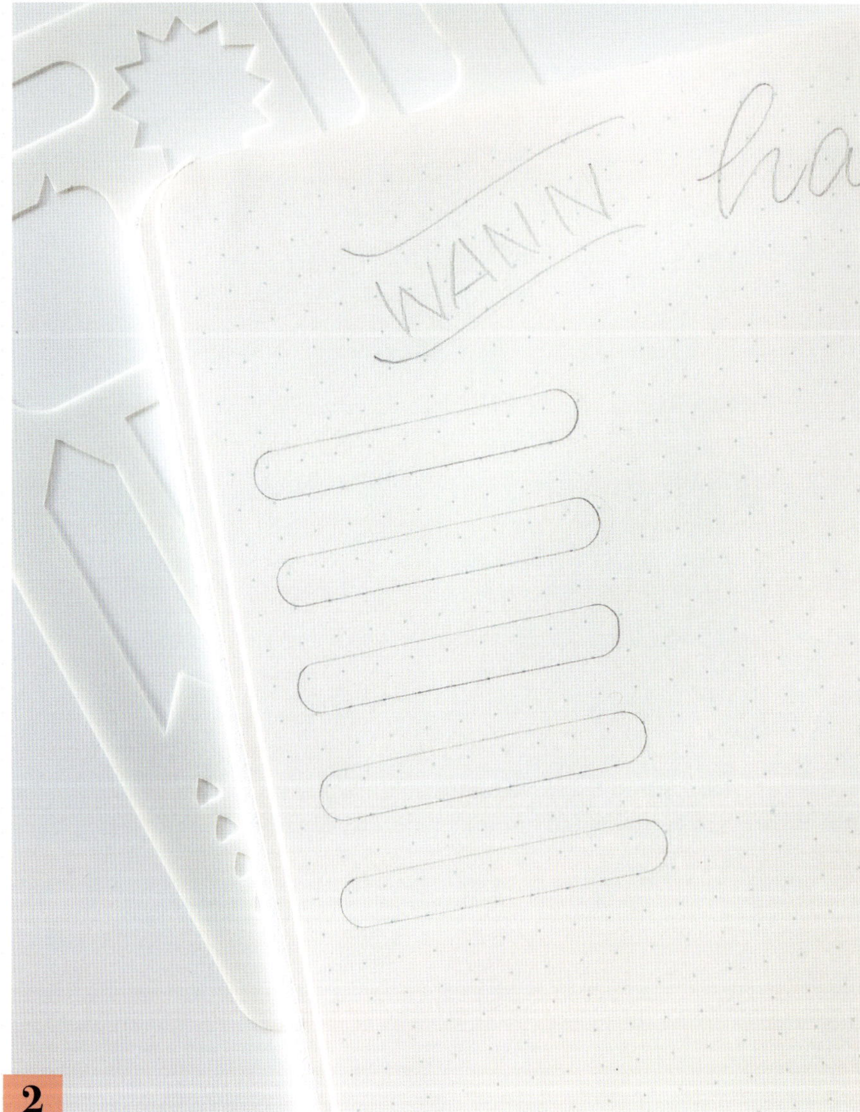

2

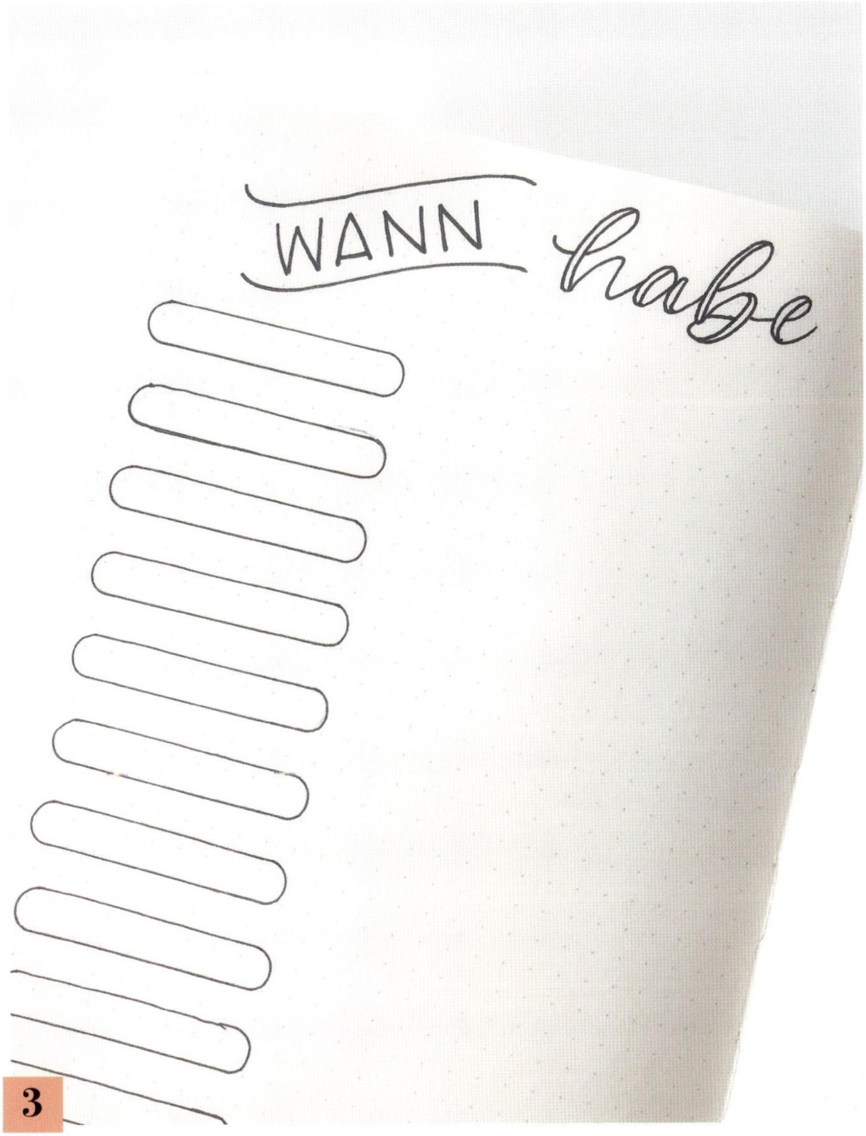

3

3 Es ist nicht nötig, dass du jetzt schon weißt, was alles in den „Erinnerungsboxen" stehen soll. Diese Übersicht wird sich nach und nach füllen und es macht gar nichts, wenn einige Textfelder jetzt noch frei bleiben.
Wenn alles an seinem Platz ist, ziehst du die mit Bleistift vorgezeichneten Textboxen mit dem schwarzen Stift nach. Vergiss nicht, auch die Überschrift deiner Doppelseite nachzuzeichnen.

4 Ziehe hinter allen Textfeldern eine dünne, senkrechte Bleistiftlinie von oben nach unten. Von dort aus markierst du jeweils 1,5 cm für deine Datumseinträge. Lasse etwas Abstand dazwischen. Beginne dann, mit dem ersten Textmarker die farbigen Markierungen einzutragen.

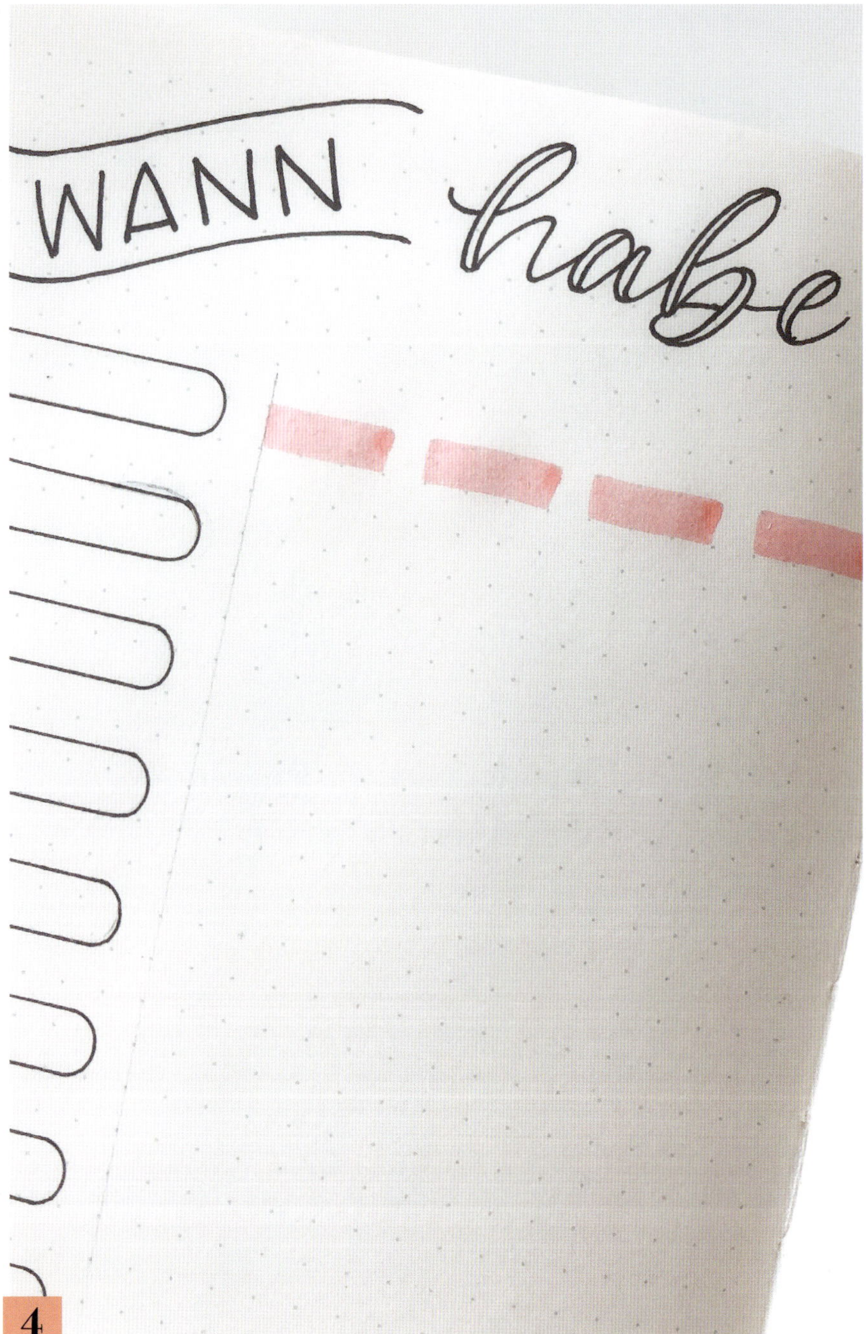

4

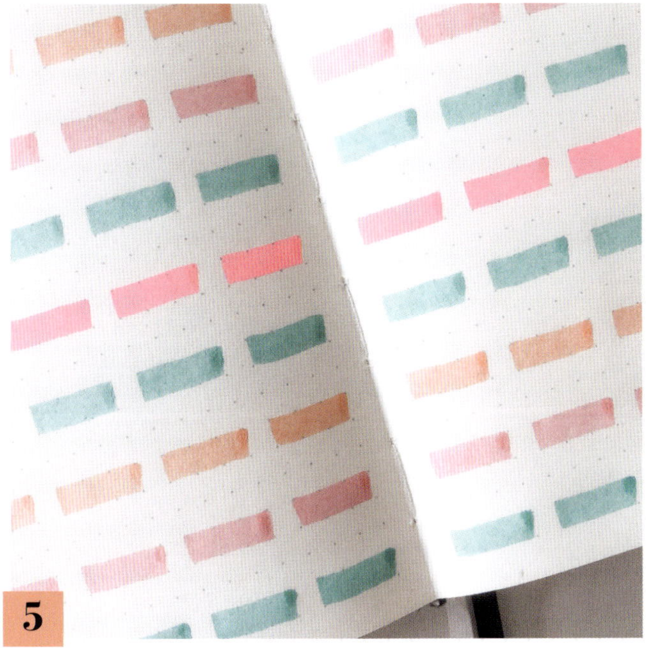

5

5 Hinter jedes Textfeld setzt du die Markierungen für die Datumseinträge in einer anderen Farbe. Du kannst die Markierungen entweder über eine Seite oder über die gesamte Doppelseite ziehen.

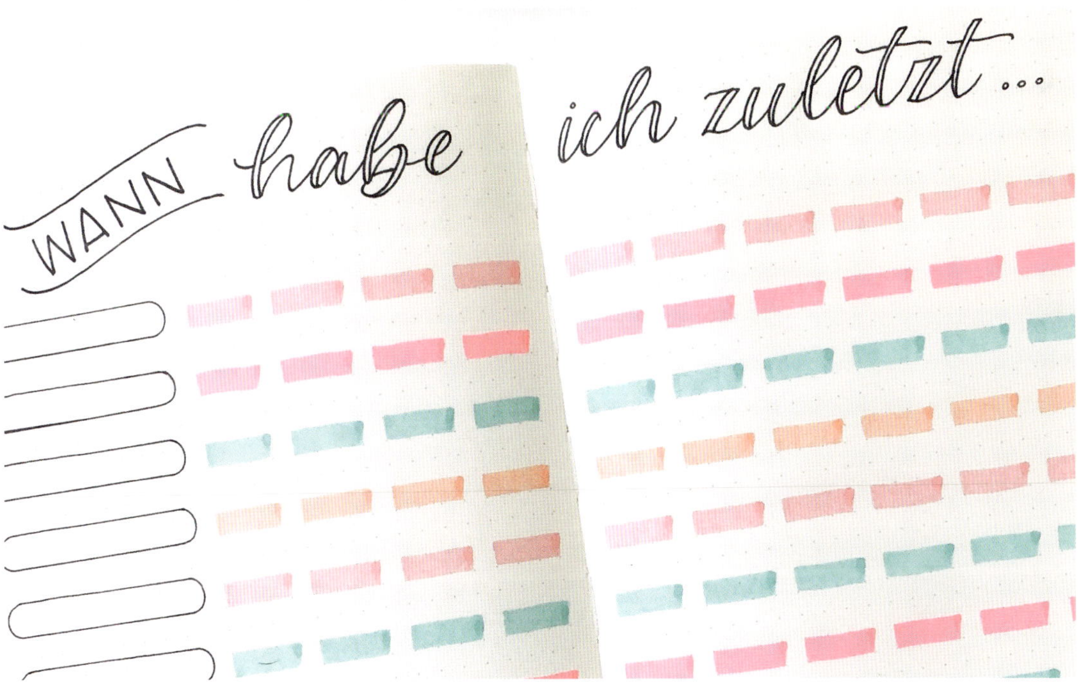

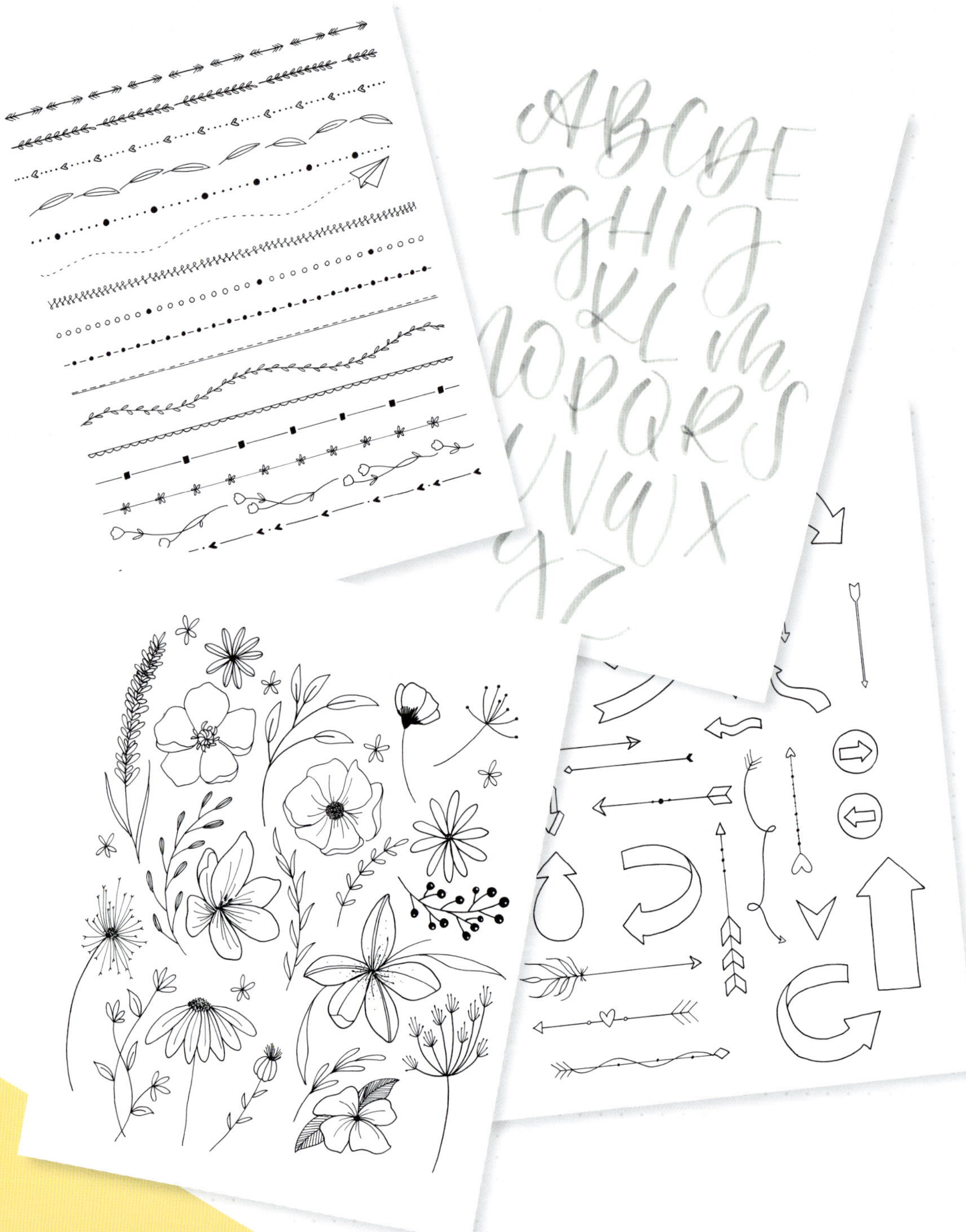

Vorlagen

Fertige Vorlagen sind eine tolle Möglichkeit, wenn die eigene Kreativität einmal eine Pause braucht. Schnell entwickeln sich eigene Kreationen und Ideen, die du mit Hilfe von Vorlagen und neuem Schwung umsetzen kannst.

Schwungübungen

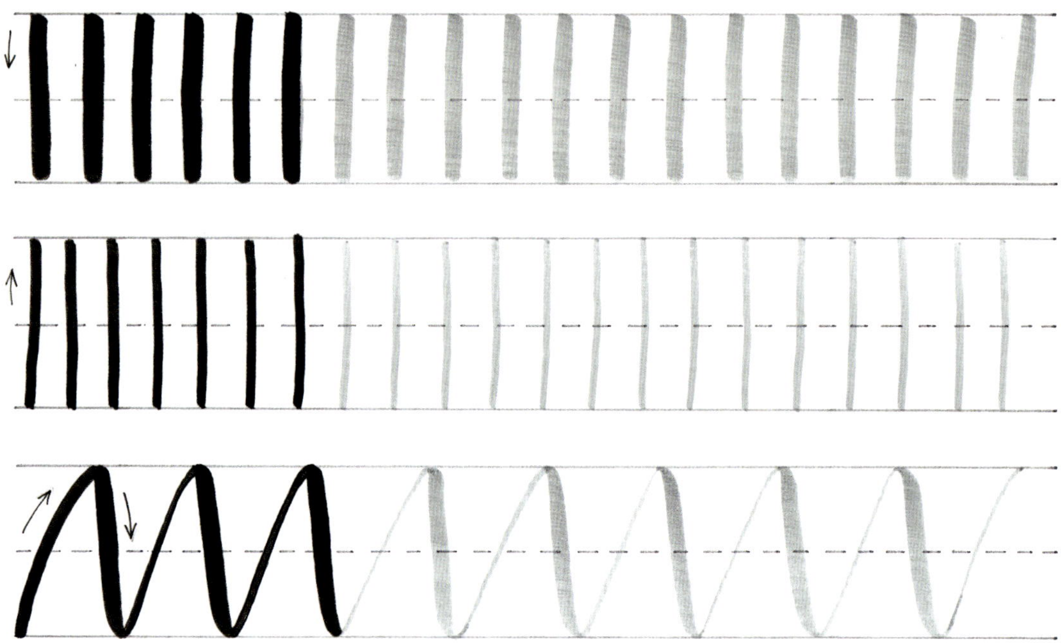

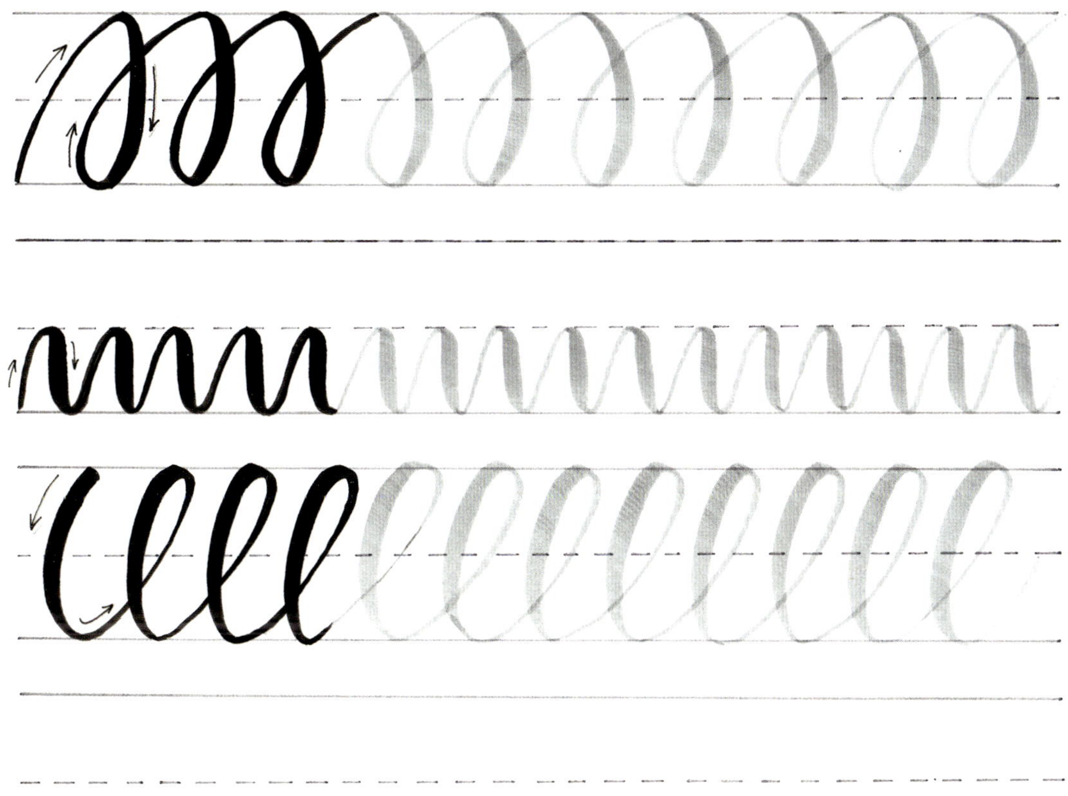

Alphabet • Großbuchstaben

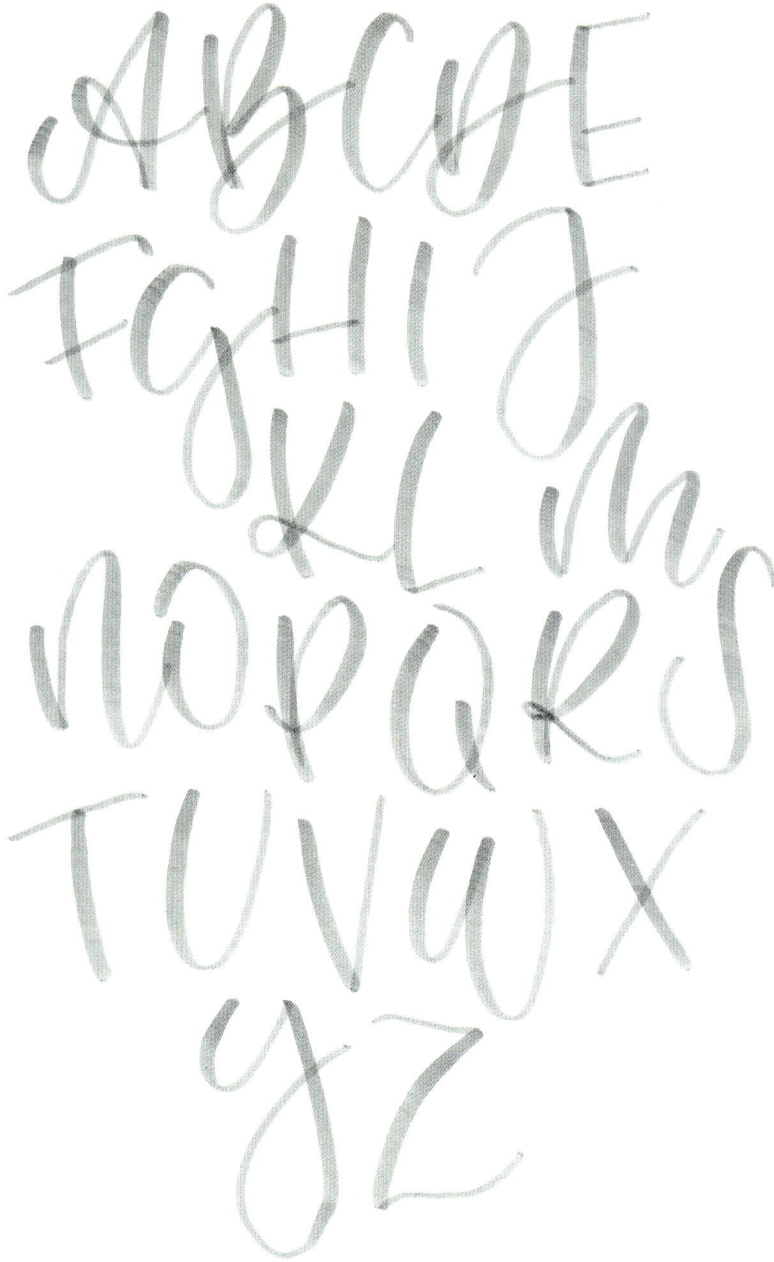

Alphabet • Kleinbuchstaben

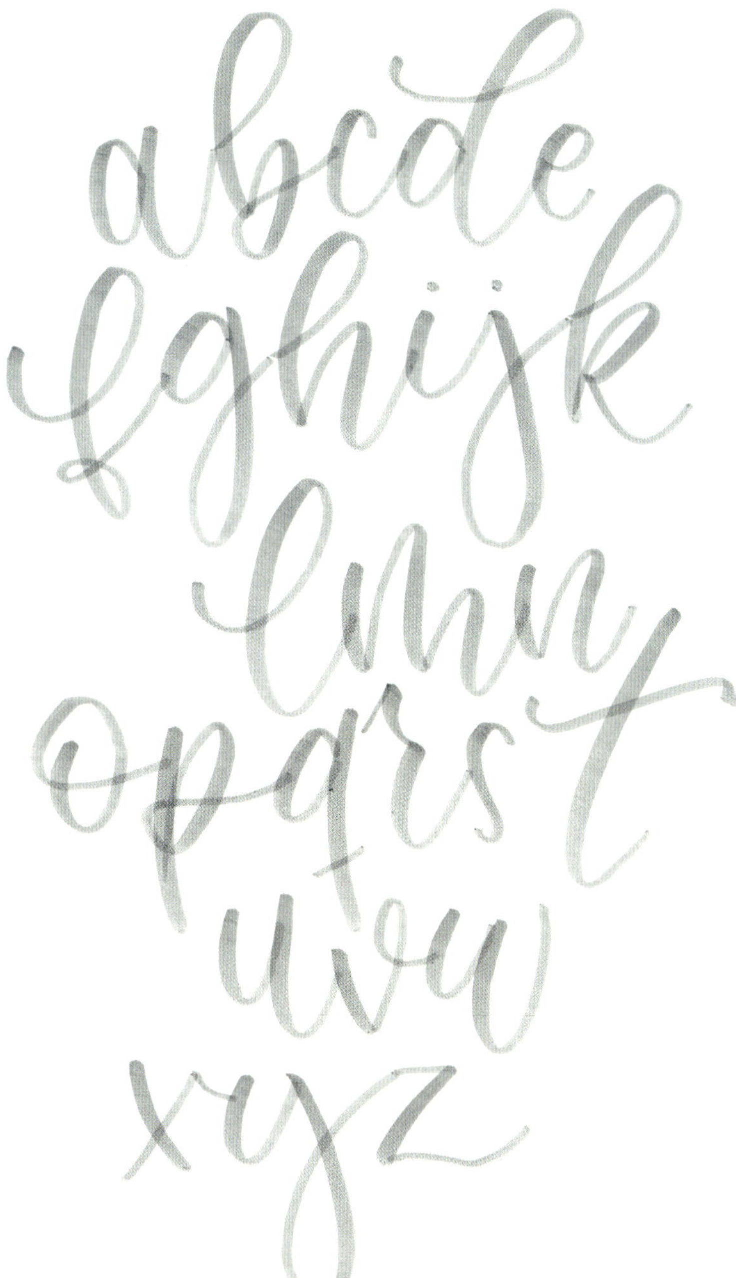

Überschriften

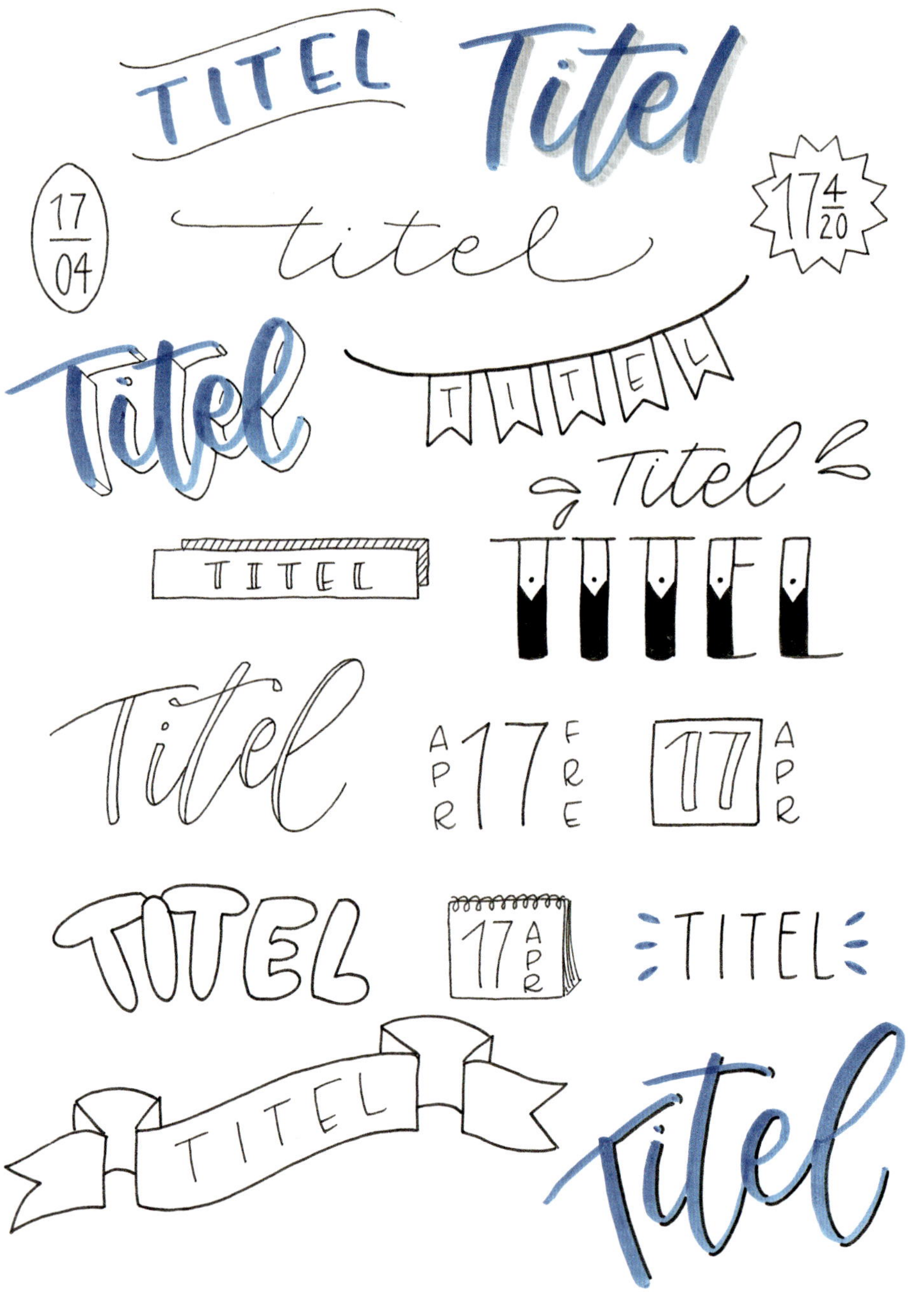

Tracker

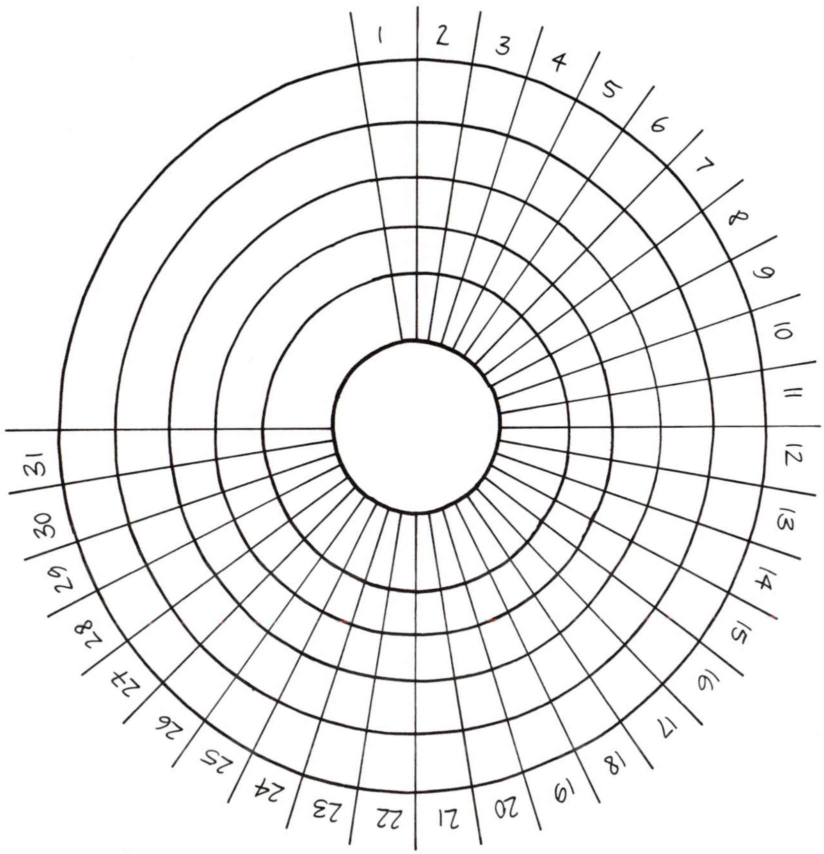
1
2
3
4
5
6
7
8
9
10
11
12
13
14
15
16
17
18
19
20
21
22
23
24
25
26
27
28
29
30
31

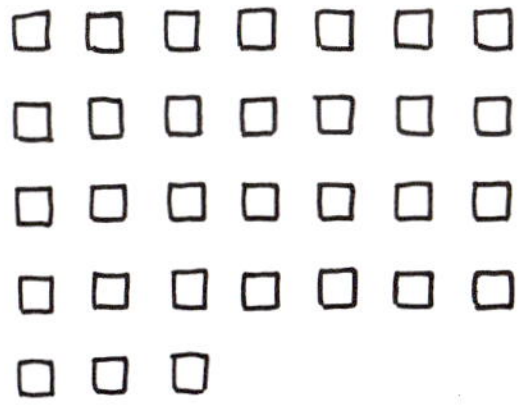

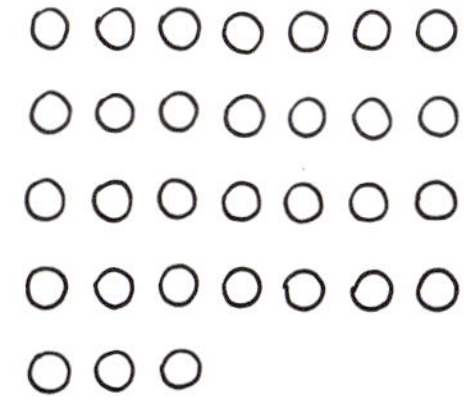

Symbole

Schmucklinien

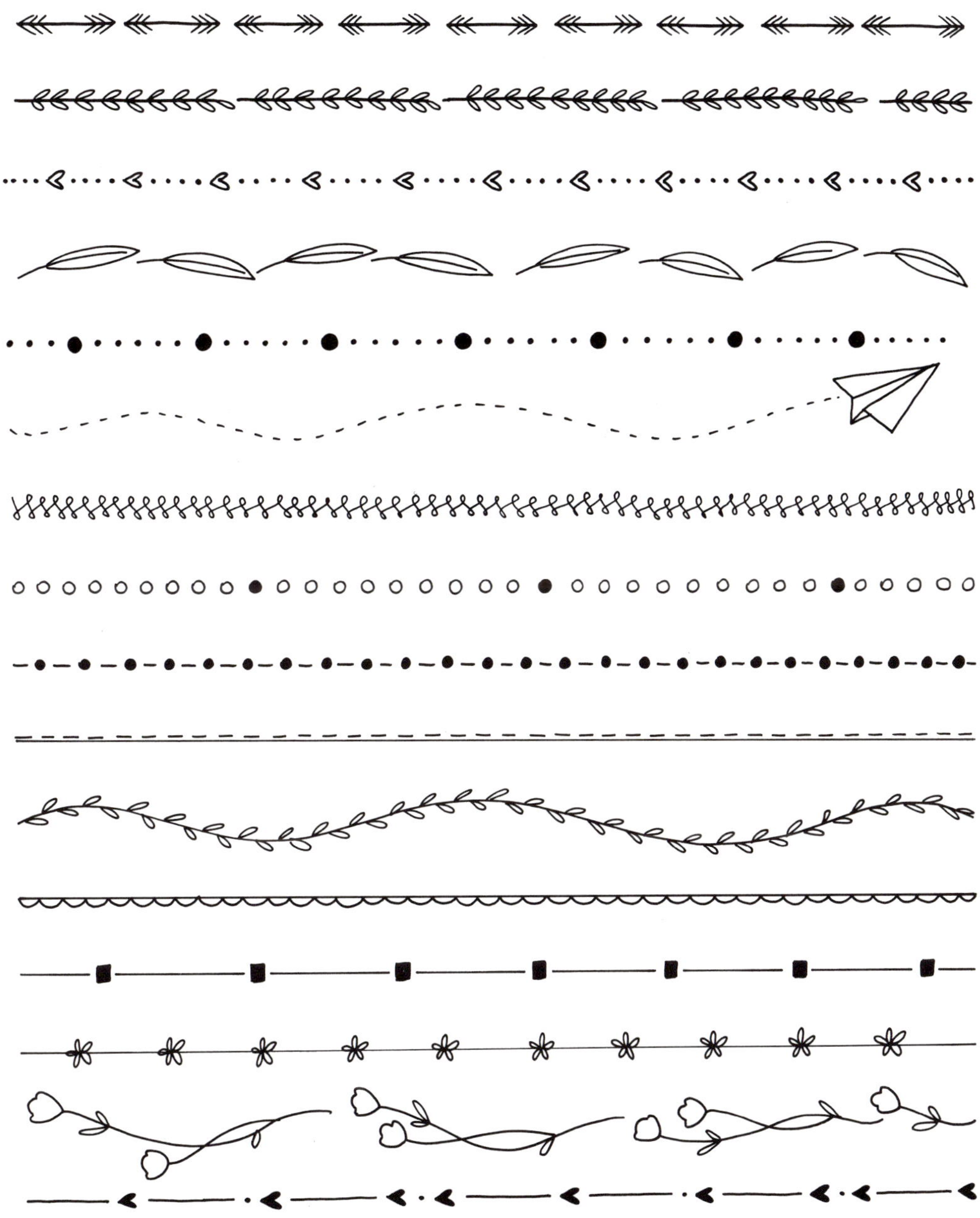

Pfeile

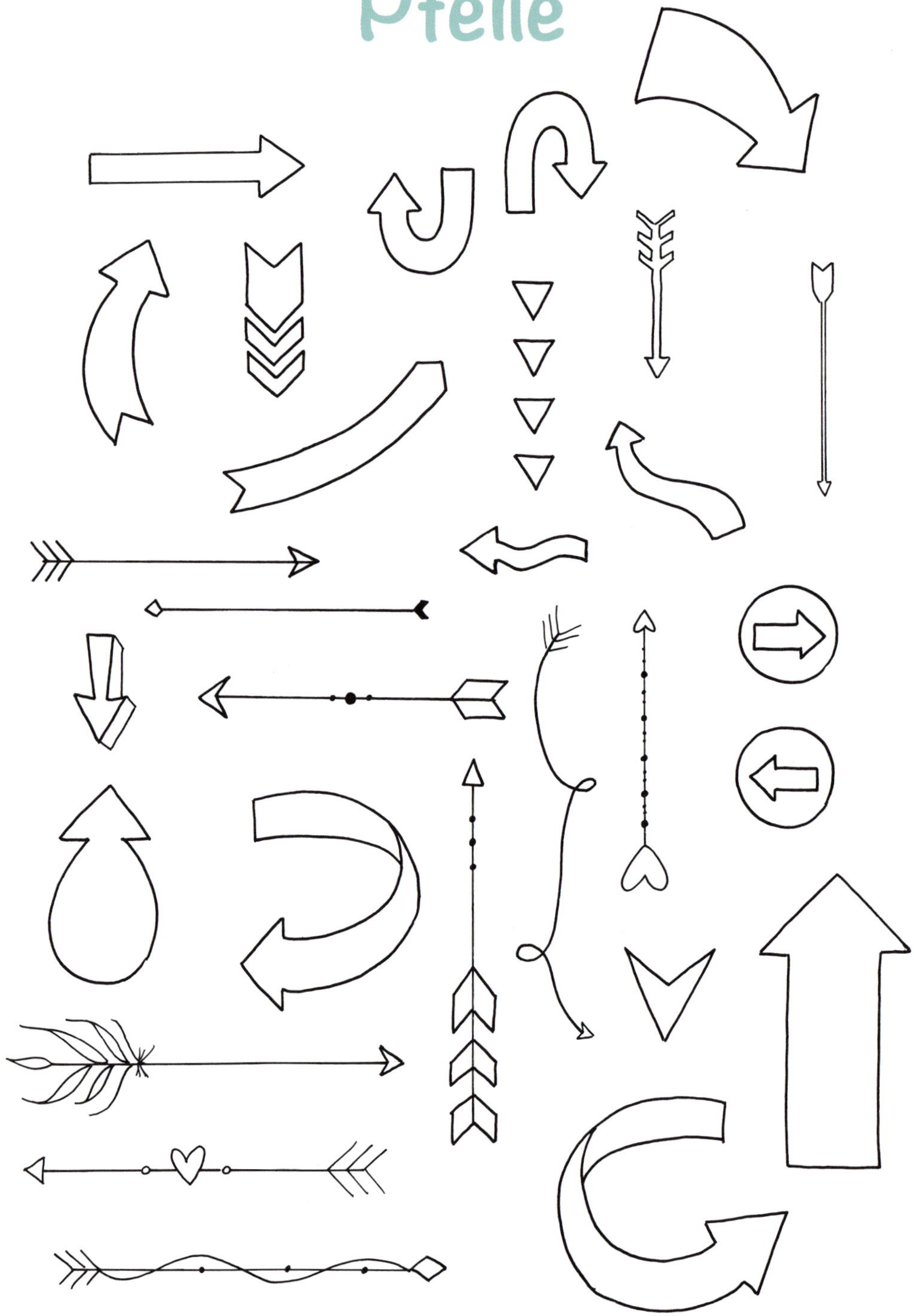

Banner

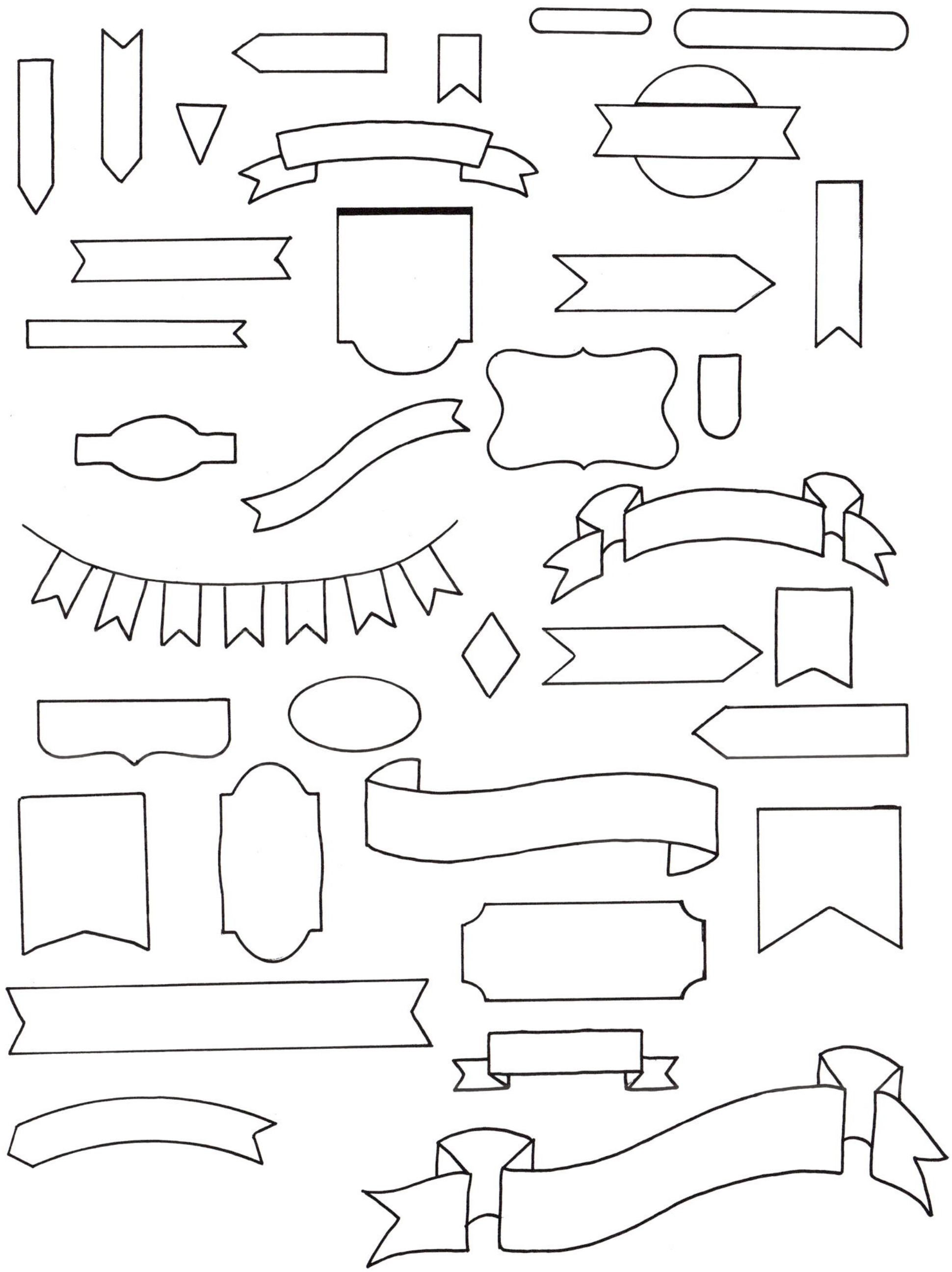

Blumen & Blätter

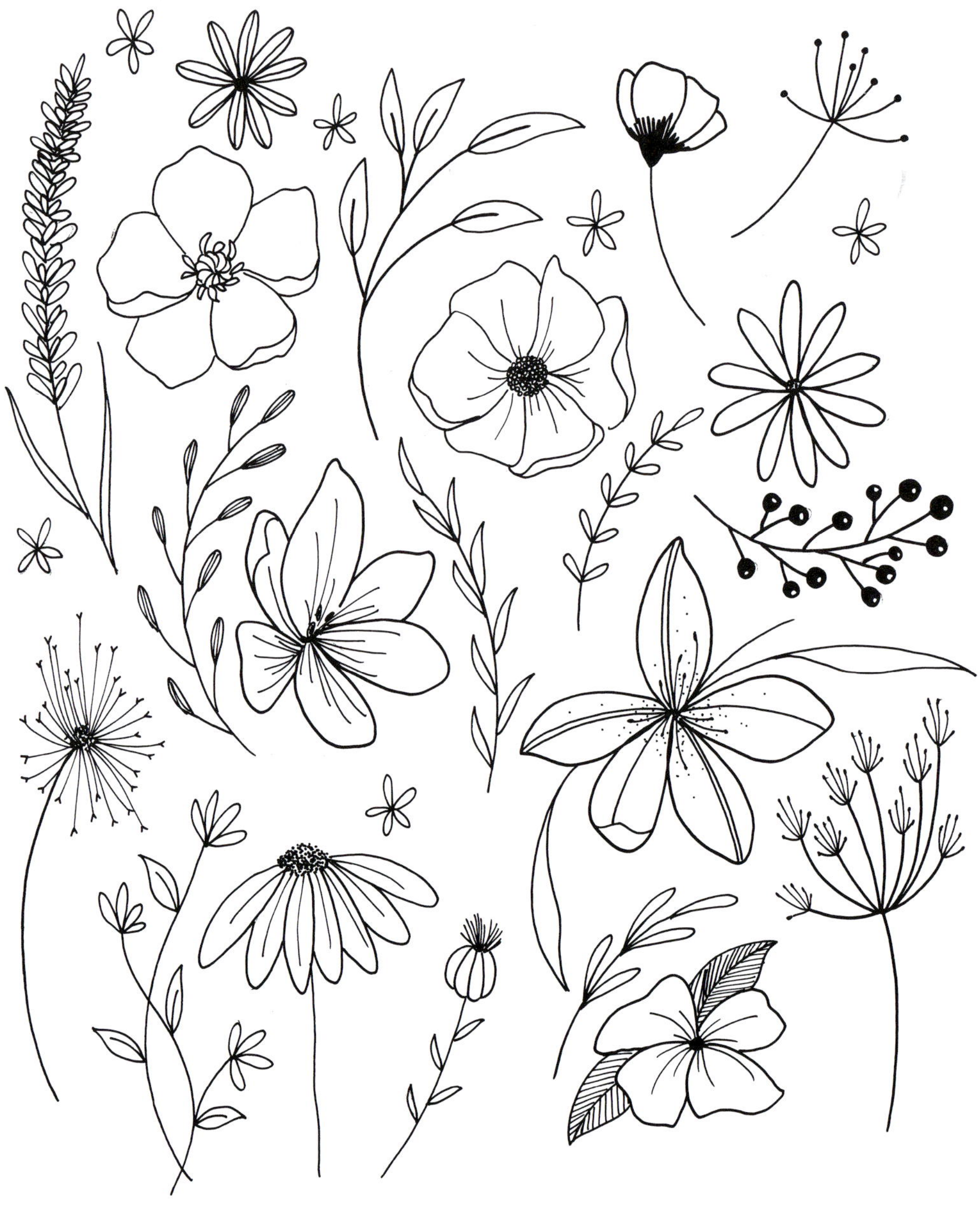

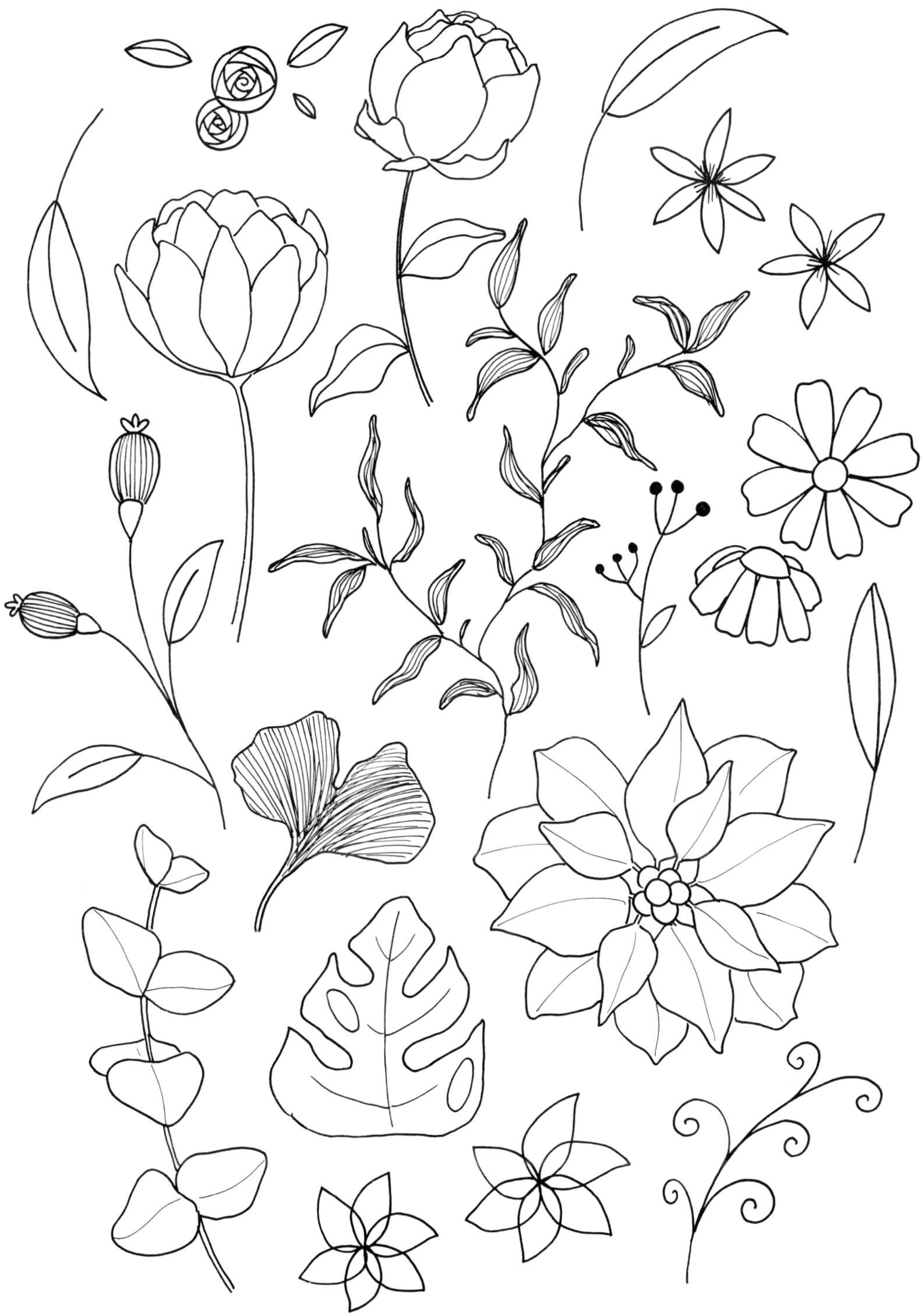

Buchempfehlungen für dich

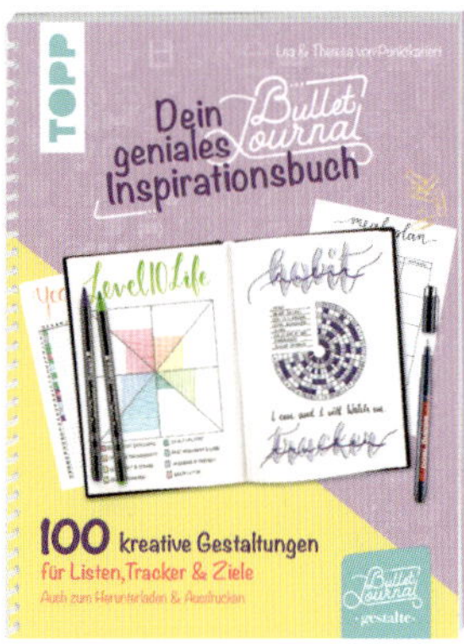

ISBN 978-3-7724-4937-6

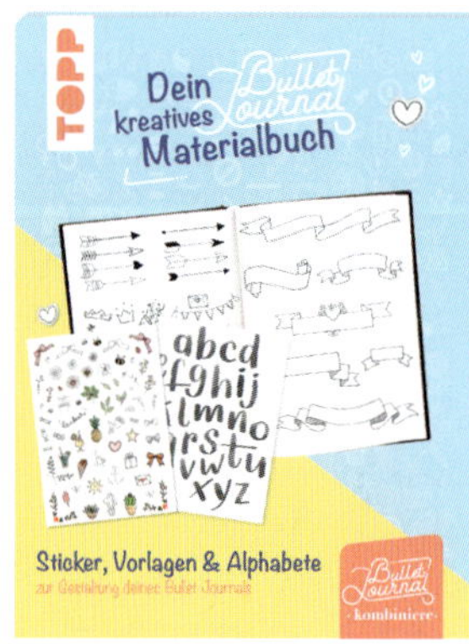

ISBN 978-3-7724-4938-3

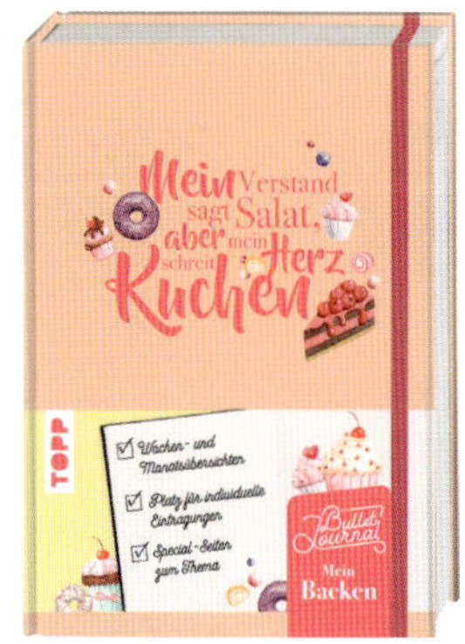

ISBN 978-3-7724-7177-3

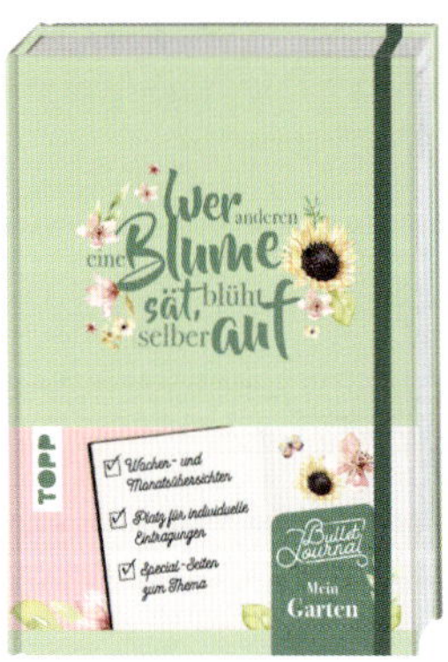

ISBN 978-3-7724-7171-1

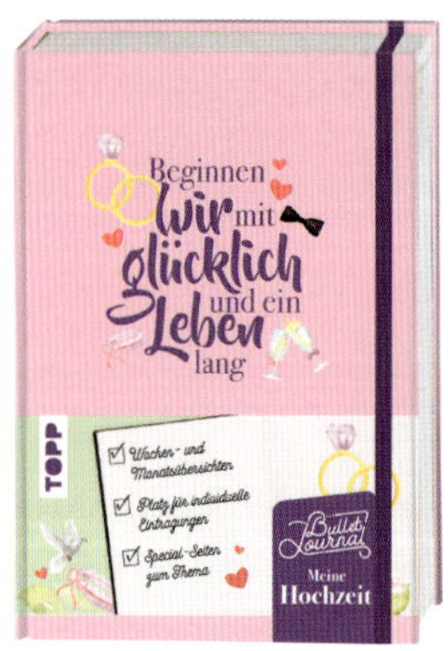

ISBN 978-3-7724-7183-4

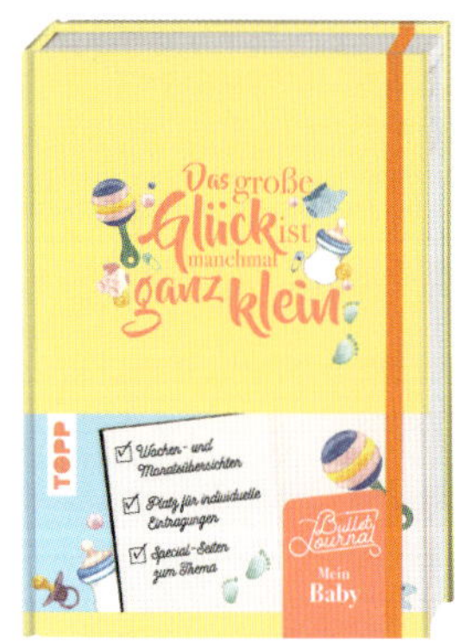

ISBN 978-3-7724-7182-7

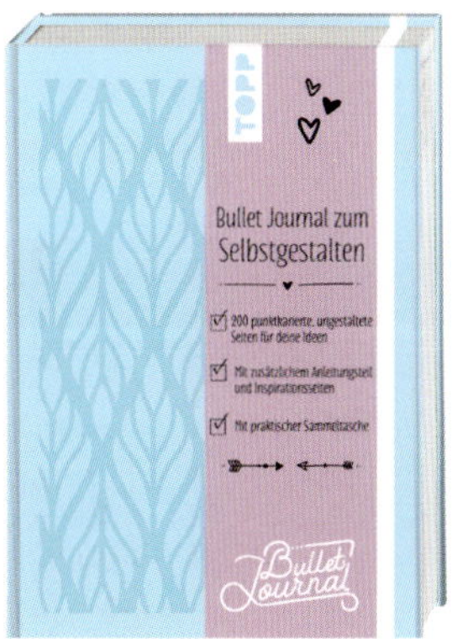

ISBN 978-3-7724-4939-0

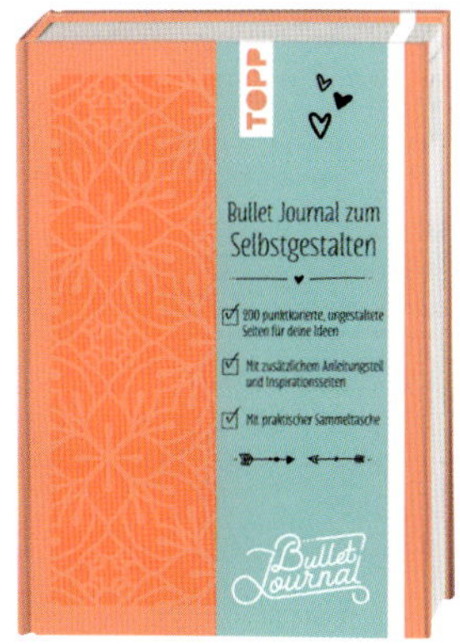

ISBN 978-3-7724-4949-9

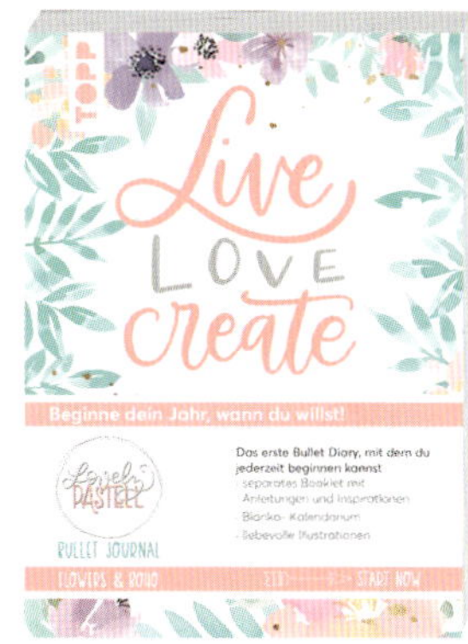

ISBN 978-3-7724-8364-6

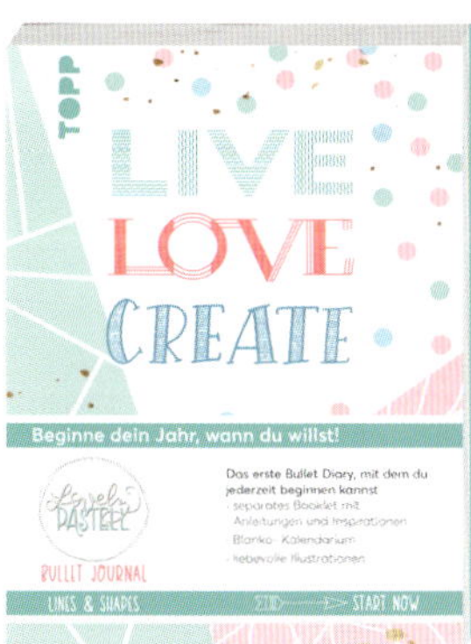

ISBN 978-3-7724-8365-3

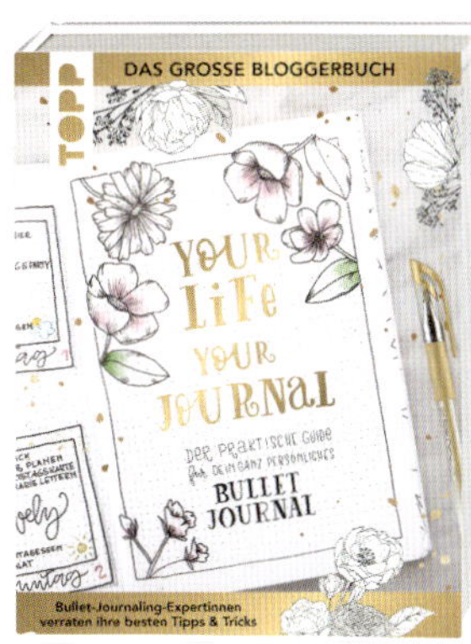

ISBN 978-3-7724-8360-8

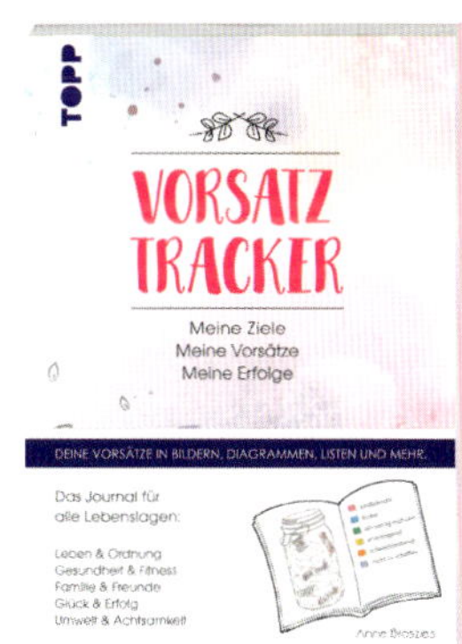

ISBN 978-3-7724-5336-6

Noch mehr Kreativ-Bücher findest du auf www.TOPP-kreativ.de

Immer informiert, immer inspiriert – die ganze Welt von TOPP auch im Netz

Webseite

Die neuesten Trends, die schönsten Kreativbücher und die aktuellsten Informationen auf unserer Webseite
Schau mal vorbei und stöbere Sie in unserem riesigen Angebot von mehr als 1000 Kreativbüchern, Sets und mehr:

www.TOPP-kreativ.de

Newsletter

Bunt, überraschend und immer aktuell – immer auf dem Laufenden mit unserem Newsletter
Noch heute anmelden und regelmäßig Informationen, Tipps und Neuheiten erhalten:

www.TOPP-kreativ.de/Newsletter

Facebook

Werde Teil unserer Communitys Mitstrickzentrale fürs Handarbeiten und Bastelzentrale für die Themen Basteln, Bauen, Dekorieren & DIY.
Du findest uns unter:

www.facebook.com/Mitstrickzentrale
www.facebook.com/Bastelzentrale

Digitale Bibliothek

Tutorial-Videos, Plotter-Dateien, Vorlagen zum Ausdrucken, Übungsblätter etc.
Zu vielen TOPP-Büchern gibt es digitale Extras. Schau im Impressum nach (die letzte Seite des Buches): Wenn dort ein Freischaltcode abgedruckt ist, dann besuche die Digitale Bibliothek auf unserer Webseite, registriere Dich einmalig und schalten Sie Ihre Zusatzmaterialien frei:

www.TOPP-kreativ.de/DigiBib

Instagram

Live dabei mit ständig aktuellen News aus dem frechverlag
Willst Du wissen, was bei uns gerade passiert und woran wir arbeiten? Dann folge uns auf Instagram. Möchtest Du uns an Deinen Kreativprojekten teilhaben lassen? Dann poste doch gleich ein Foto mit dem Hashtag **#frechverlag** und wir stellen Dein Werk gerne der Community vor:

www.Instagram.com/frechverlag

Pinterest

Neue Bücher, neue Ideen und die Menschen, die sie machen
Du bist auf der Jagd nach den neuesten Ideen und aktuellen Trends im DIY-Bereich? All das gibt es auf den Pinnwänden des frechverlags unter:

www.Pinterest.com/frechverlag

Youtube

Ein Video sagt oft mehr als tausend Worte
Du möchtest neue Techniken ausprobieren, Autoren kennenlernen oder einmal hinter die Kulissen unserer Buchproduktionen schauen? Dann abonniere den Kanal des frechverlags unter:

www.YouTube.com/frechverlag

Dürfen wir vorstellen? Wir sind TOPP!

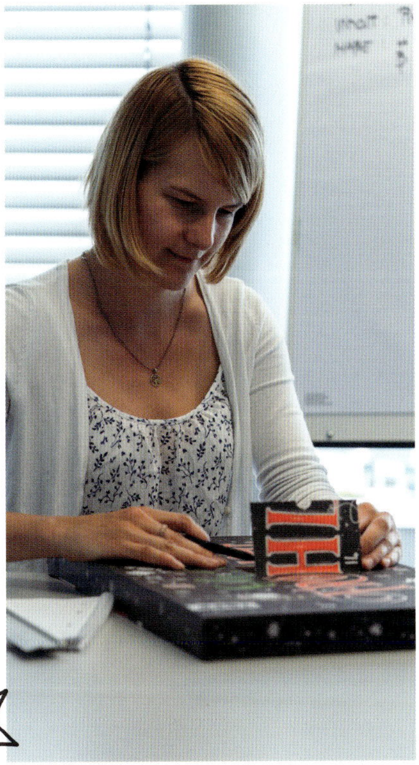

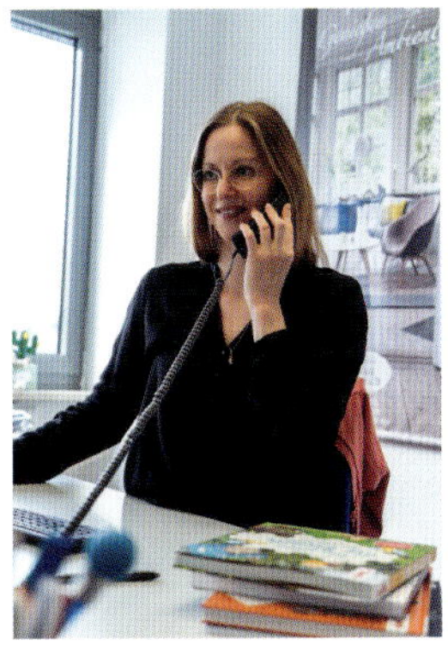

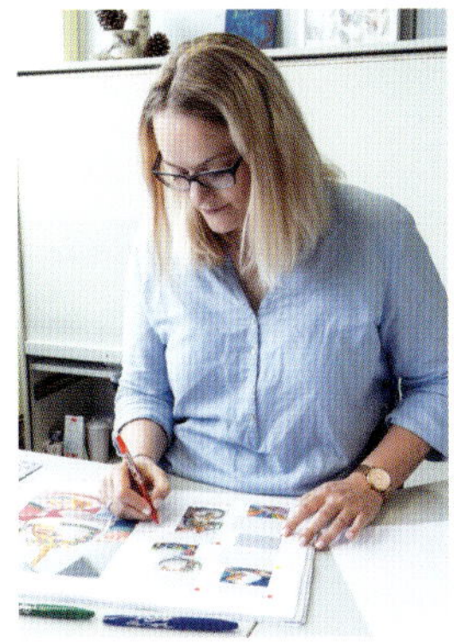

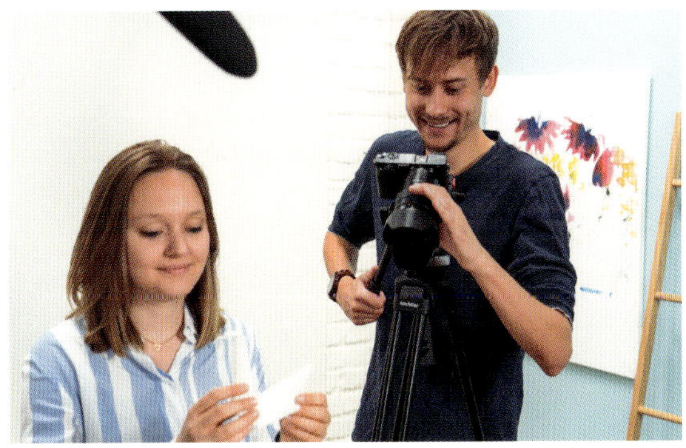

Uns, unsere Autoren, Bücher, Sets und viele, viele Bastelideen gibt's nicht nur auf Events und in Buchhandlungen, sondern natürlich auch online:

www.TOPP-KREATIV.de

www.YouTube.com/Frechverlag

www.TOPP-KREATIV.de/Newsletter

www.Instagram.com/Frechverlag

www.Facebook.com/Frechverlag

www.Pinterest.com/Frechverlag

www.TOPP-kreativ.de/DigiBib

Über die Autorin

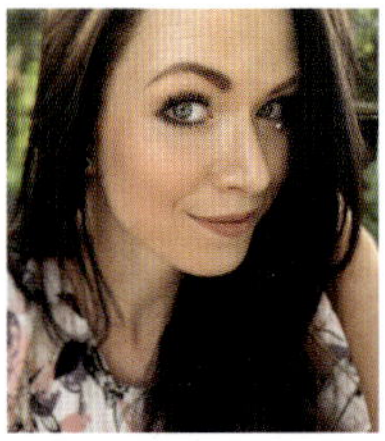

Anne Broszies, ausgebildete Ergotherapeutin im geriatrischen Bereich, lebt mit ihrem Lebensgefährten, ihrem Sohn und ihren beiden Hunden in Thüringen. Seit Mai 2017 widmet sie sich mit Hingabe dem Bullet Journaling. Auf Instagram zeigt sie als **bujotrulla** ihre kreativen Ideen und bringt ihren Followern mit viel Begeisterung das System des analogen Planens nahe.

Impressum

TEXTE UND ILLUSTRATIONEN: Anne Broszies;
Stifte auf Buchumschlag © edding
FOTOS: Anne Broszies
PRODUKTMANAGEMENT: Lisa-Marie Weigel
LEKTORAT: Gabriele Betz, Tübingen
COVERGESTALTUNG: Sandra Preinl
HERSTELLUNG: Heike Köhl
LAYOUT UND SATZ: FSM Premedia, Münster
DRUCK UND BINDUNG: Livonia Print SIA, Lettland

1. Auflage 2020

ISBN 978-3-7724-4936-9 Best.-Nr. 4936